KB074540

마흔 넘은 여자는
무슨 재미로 살까?

마흔 넘은 여자는 무슨 재미로 살까?

김영미 지음

마흔 넘은 여자는 무슨 재미로 살까?

초판 1쇄 인쇄 | 2020년 9월 25일
초판 1쇄 발행 | 2020년 9월 30일

발행인 | 이혁백
지은이 | 김영미

만든 사람들
출판기획 최윤호 | **책임편집** 홍민진 | **마케팅총괄** 김미르 | **홍보영업** 백광석
북디자인 박정호

펴낸 곳
출판사 치읓[치읃] | **출판등록** 2017년 10월 31일(제 000312호)
주소 서울시 강남구 논현동 9-18 4F, 5F | **전화** 02-518-7191 | **팩스** 02-6008-7197
이메일 240people@naver.com | **홈페이지** www.shareyourstory.co.kr

값 14,800원 | **ISBN** 979-11-90067-30-0

* 치읓[치읃] 출판사는 출판교육기업 책인사의 브랜드입니다.
* 이 책은 저작권법에 따라 보호받는 저작물이므로 무단 전재와 무단 복제를 금지하며,
  이 책의 전부 또는 일부를 이용하려면 반드시 치읓[치읃] 출판사의 서면 동의를 받아야
  합니다.

이 도서의 국립중앙도서관 출판예정도서목록(CIP)은 서지정보유통지원시스템
홈페이지(http://www.seoji.nl.go.kr)와 국가자료공동목록시스템(http://www.nl.go.kr/
kolisnet)에서 이용하실 수 있습니다.(CIP제어번호: CIP2020035634)

'아줌마'

"세상에는 세 종류의 사람이 존재한다. 남자, 여자, 그리고 아줌마."

아줌마가 되고 나니 '아줌마'라는 단어가 들어간 말이라면 아주 귀에 쏙쏙 들어온다. 위에서 인용한 말처럼 어떤 말은 귀는 물론이고 가슴에도 콕콕 박힌다. 저 말이 맞는 말이라면, 세 부류 중, 아줌마는 아줌마 본인조차 '아줌마'이길 거부하는 '비주류'다. 무르익은 아줌마인 나 역시 누군가 '아가씨'라고 불러 주길 간절히 바라니 말이다. 비주류, 왕따로 사느니 차라리 죽는 게 나을까?

앞차가 조금 알짱거리기라도 하면, 뒤차는 이내 옆 차선으로 쫓아와 운전자를 확인한다. 그리고 운전자가 아줌마라는 걸 알게 된 그 즉시 욕지거리를 내뱉는다. 2004년 출간된 『여성은 달리고 싶다』에서 이상원은 한 남성 네티즌의 글을 인용했다.

"어쨌든 개인적으로는 여성들은 집에서 솥뚜껑이나 운전했으면 좋겠다."

솥뚜껑 운전이나 하라니 원….

애 보기, 요리, 빨래, 청소, 공과비 내기, 학원비 결제, 장보기, 손님 접대, 명절 준비, 학부모 활동 등등 나열하자면 몇 년이 걸릴지도 모를 일들이 고작 솥뚜껑 운전으로 폄하되다니…!

그리고, 그런 모든 일을 혼자서 해내는 슈퍼우먼, 아줌마.

이렇게 가족을 위해 바쁘게 살아가는 우리지만, 자신이 '아줌마'라고 불리는 걸 달가워할 사람은 없다. 간혹 화를 내기도 한다. "미친 거 아니야! 내가 어디 봐서 아줌마야!" 하고.

오전 시간, 주택가 찻집은 온통 아줌마들로 인산인해다.

누군가는 창밖에서 그 광경을 보고 이렇게 말할지도 모른다.

"아줌마들이 아침부터 집 안 청소 안 하고 비싼 커피 마시며 뭐 하는 건지….'

알베르 카뮈가 한 말이 떠오른다.

"자살할까? 커피나 한잔할까?"

목차

프롤로그 '아줌마' . 5

1장, 수다 ──────────────────────────

01 우리는 아침부터 수다를 떤다 . 12
02 아무도 너의 슬픔엔 관심 없대도 . 16
03 푸념에서 열정으로 . 20
04 연극이 끝나고 난 후 . 22
05 당신 지금 행복하세요? . 27
06 아무도 나에게 희생하라고 한 적 없다 . 31
07 혹시 꿈 있으세요? . 37
08 지금 행복하다면 변화하라 . 43

2장, 사랑 ──────────────────────────

01 얼마 전, 나는 결혼생활의 최대 위기를 맞았다 . 50
02 사랑을 드라마로만 배웠어 . 55
03 이혼을 결심했다 . 61
04 입간판 "사랑합니다" . 73
05 나의 감추고 싶은 치부를 이곳에 밝히는 이유 . 79
06 그냥 이혼하지 않기로 했다 . 87
07 쌍년의 미학 . 96
08 딸, 아내, 엄마, 여자의 이름으로 . 106
09 따님은 문제아가 아닙니다 . 112
10 나도 모르게 꼰대가 되어가고 있었다 . 118
11 링컨은 수염을 기른 덕분에 대통령이 될 수 있었다 . 124

3장, 먹고 놀기

01 공부 잘하는 방법 . 130
02 인문학은 닭발집에서 . 136
03 이제는 아픈 이야기도 할 수 있어 . 142
04 놀다 보니 어느 순간 유명해졌다 . 157
05 나 마라톤 완주한 여자야 . 166
06 사는 여자 vs 잘 사는 여자 . 174
07 내가 할 일은 잘 노는 거잖아 . 180

4장, 공부

01 진실은 실로 불편하다 . 188
02 요즘 손목 긋는 게 유행인가? . 193
03 성장은 고통스럽다 . 198
04 지금 알게 된 걸 그때 알았더라면 . 203
05 누구나 다 아는 백만장자 되는 법 . 208
06 성공의 길에는 엘리베이터가 없다 . 213
07 뭐 하고 놀지를 고민하라 . 217
08 인생 최대의 고민은 뭘까? . 222
09 말이면 단 줄 알아? . 229
10 스스로 기회를 만드는 방법 . 236

5장, 그리고

01 내가 과연 할 수 있을까? . 244
02 가계부로 살림살이, 글쓰기로 인생살이 . 251
03 아줌마들은 자기계발서를 읽지 않는다 . 260
04 지혜의 숲에는 밤새도록 꺼지지 않는 등불로 가득해 . 268
05 오늘은 내 남은 생의 첫날이다 . 272
06 꾸미는 인생, 꿈 있는 인생 . 278

에필로그 여행 . 286

1장

수다

우리는 아침부터
수다를 떤다

오전 11시만 되면 아줌마들로 북새통이다. 남편 출근하고 아이들도 등교하고 나면, 아줌마들은 빠르게 집 안을 정리하고 외출 준비를 한다. 너무 튀지도, 그렇다고 초라해 보이지도 않게 단장하고 약속 시각에 맞춰 카페로 향한다. 매일 봐도 반가운 동네 '맘'들과 인사를 주고받고 삼삼오오 테이블에 모여 앉아 카페라떼에, 베이글을 곁들여 먹으며 수다를 시작한다. 사실 내용은 별것 없다. 아이들 학교생활이나 학원 정보 같은 주제가 대부분이다. 물론, 아줌마들 대화에 남편 이야기가 빠질 순 없다. 남편 자랑을 늘어놓기도 하고, 때론 흉을 보기도 하며 시간 가는 줄 모르고 떠든다.

"어제 우리 결혼기념일이었잖아. 근데 글쎄 신랑이 맥주 마시다 그냥 자는 거 있지!"

"어머, 뭐야! 형부 왜 그래? 언니같이 얼굴도 예쁘고 몸매도 완벽한 여자를 두고, 혹시 형부 몸이 어디 안 좋은 거 아닐까?"

"몰라. 진짜."

"어휴, 울 신랑은 나 잠을 안 재워! 새벽같이 출근해야 하는데 잠을 못 자서 너무 피곤해 미치겠어."

"어떻게! 몰라. 진짜."

"형부가 언니를 정말 좋아하나 보다. 하하하."

"맞아. 쟤네 신랑 말라서 통통한 여자를 좋아하나 봐."

"우리 신랑은 저번 내 생일에는 뭐라는지 알아? 나 보고 자기를 가지래. 글쎄. 너무 웃기지 않아? 푸하하."

"쟤네 신랑 생긴 건 근엄하게 생겨가지고, 반전이다. 얘."

"뭐야! 상상했어. 푸하하. 웬일이니!"

아줌마들 대화의 하이라이트는 뭐니 뭐니 해도 음담패설이다. 그렇게 열정적으로 한바탕 웃고 나면 어느덧 아이들 하교 시간이 된다. 내일을 기약하고 하나둘 자리를 뜬다. 이제 일하러 갈 시간.

대충 보면 쓸데없다 싶다. 누군가는 아줌마들이 비싼 커피
값 써 가며 시간 죽인다고 생각할 것이다. 주부는 노는 사람이
라 오해할 수도 있다. 그러나 아줌마들에게 이 시간은 꼭 필요
하다. 아침 먹고 돌아서면 점심 오고 점심 먹고 돌아서면 저
녁 준비할 시간이다. 해도 해도 가득 차 있는 빨래 바구니는
마르지 않는 마법 우물 같다. 열심히 해도 티가 안 나서 하루
좀 쉬면 집안이 전쟁터로 변한다. 그게 바로 집안일이다. 온종
일 집안일에 매여 있다 보면 엄청난 스트레스가 찾아온다. 아
줌마들은 오전 시간, 잠시나마 수다를 떨고 고민을 풀어놓으
며 서로 같은 처지임을 공감하고 위로를 받는다. 묵었던 감정
을 털어내고 치유까지 받는다. 떠나갈 듯 박장대소 한 번으로
스트레스를 날린다. 꿈도 이름도 잊고 웃는다.

마흔 넘은 여자는 무슨 재미로 살까?

02

아무도 너의 슬픔엔
관심 없대도

지방에 사는 조카가 대입 논술시험을 보러 올라오는 날이었다. 나는 밥이라도 한 끼 사 줄 요량으로 시험 마치는 시각에 맞춰 시험장으로 향했다. 막 올림픽대로에 진입했을 때, 친하게 지내던 언니에게서 전화가 왔다.

"어, 민서야! 잘 지내?"

언니는 내 이름 '영미' 대신 큰딸 이름인 '민서'로 나를 불렀다. 아이가 있는 아줌마들은 대부분 누구누구의 엄마로 불린다. 언제부터인가 나도 아이 이름으로 불리는 게 익숙하다.

16 ———————— 마흔 넘은 여자는 무슨 재미로 살까?

"언니! 오랜만이야. 잘 지냈어? 이사 오고 나니 얼굴 보기 힘드네."

"그러게. 애들은 학교 잘 다니고?"

"응, 자기들끼리 가방 챙겨서 학교 가는 거 보면 웃겨. 벌써 많이 컸다니까."

"나 요즘 다시 운동하거든. 오늘 동네 언니랑 산에 갔다가 갑자기 너 생각나서 전화해 봤어. 옛날에 우리 둘이 자주 산에 다녔잖아."

"그래 맞다. 언니랑 맥주 사 들고 뒷산에 올라가서 마시던 거 기억난다. 하하하."

"그래. 오늘 그때 생각이 나더라고!"

언니와 나는 우리 둘째가 아장아장 걸어 다닐 때부터 알고 지냈다. 동네 놀이터에서 몇 번 마주쳐 안면을 텄고, 스스럼없이 어울려 노는 아이들처럼 우리도 자연스레 가까워졌다. 육아의 고충, 남편과의 관계, 시댁 문제들을 털어놓으며 마음을 나누고 위로하며 가족같이 지냈다. 함께 차 마시고, 수다 떨면서 삶의 고단함을 공유했다. 그렇게 비슷한 고민을 나누는 것만으로도 서로에게 큰 위로가 되었다.

김제동의 『그럴 때 있으시죠?』에서 읽었던 구절이 생각난다.

"진짜 멘토는 잘나고 훌륭한 사람들이 아니라 나와 비슷한 사람인 것 같아요. 못나고 잘나고 그 기준이 어디에 있든지 간에, 그냥 있는 그대로, 그 모습 그대로 우리는 우리 스스로에게 힘이 될 수 있고, 누군가에게도 힘이 될 수 있는 존재라고 생각해요."

사랑하는 사람을 만나 결혼하고 아이 낳고 행복하게 살 줄로만 알았던 우리는, 삶의 쓴 잔을 연거푸 마시고 있었다. 신혼의 단꿈이 채 가시기도 전에 새 생명을 낳고 키우느라 정신이 없었다. 아내로, 엄마로 살기 위해 많은 것을 포기해야 했다. 임신과 출산은 엄마가 되기 위한 시험과도 같았다. 생과 사를 넘나드는 출산의 고통, 아이를 먹이고 재우느라 하얗게 새운 밤들은 여자를 여러 번 인간의 한계에 이르게 한다. 하지만 그런 고통도 남들 다 한다는 이유로 아무렇지 않게 치부된다. 그렇기에 아이를 낳지 않겠다고 선언하는 여자들도 이해가 간다. 누가 그 여자들에게 모든 고통을 짊어지라고 할 수 있겠는가? 그 과정을 겪은 사람이라면 더욱 그렇게 말할 수 없다. 다만, 고통이 큰 만큼, 돌아오는 기쁨도 크다고만 말할 수 있으리라. 전장에서 피의 우정을 나눈 전우처럼 우리는 서로 눈빛만 봐도 안다.

푸념에서 열정으로

문자메시지 알림이 울린다.

'[공지]내일 2~4교시 도서관 수업에 여건이 되신다면 마지막 수업이니 모두 참관하시면 감사하겠습니다. 수업 후엔 회식 장소로 이동해 주셨으면 좋겠습니다. 4교시는 11시 3분에 시작하여 12시 10분에 마치고 모임 장소는 SB타운 맘엔 탐스입니다. 시간 안 되시는 분들은 회식 장소로 바로 와 주시면 됩니다.'

나는 매주 브런치 모임에 간다. '책 읽어 주기 수업'을 위한 학부모 모임이다. 수업은 두 명의 학부모가 한 조를 이뤄 아이들에게 책을 읽어 주고 독후 활동을 진행한다. 모임에서는 함께 수업에 쓸 책을 선정하고 아이들에게 책 읽어 주는 연습을 하고, 독후 활동을 짠다. 원래 학기 수업 일정에 편성되어 있었던 도서관 수업은 그저 각자 책만 읽는 시간이었다. 간간이 브런치 카페에 둘러앉아 도서관 수업에 관해 이야기하던 엄마들은 다양한 수업을 구상해냈고 마침내 그 수업이 정규 수업 시간을 배정받았다. 아이들 교육을 학교와 학원에만 맡겼던 엄마들이 직접 나선 것이다. 푸념과 하소연으로 시작된 수다는, 어느새 열정으로 바뀌었다. 모두 눈빛을 빛내며 자신의 의견을 이야기한다. 눌려 있던 아줌마들의 진가가 발휘되기 시작한다.

출근 시간도, 등교 시간도 지나면 아줌마들은 제각기 고민을 잔뜩 이고 브런치 카페로 모여든다. 그들은 같은 처지에 있는 서로를 멘토 삼아, 고민을 나누고 위로를 받는다. 자신의 꿈, 이름, 존재조차 사라져 가는 일상 속에서, 수다로 하루하루를 버티는 힘을 얻는다.

연극이
끝나고 난 후

"연극이 끝나고 난 뒤

혼자서 객석에 남아

조명이 꺼진 무대를 본 적이 있나요.

음악 소리도 분주히 돌아가던 세트도

이젠 다 멈춘 채 무대 위에

정적만이 남아 있죠.

어둠만이 흐르고 있죠."

_ 김현철 '연극이 끝나고 난 후'

아이들 유치원 원장님의 간곡한 부탁으로 아동극을 기획
한 적이 있다. 당시 치맛바람 꿈나무였던 나는 운영위원장을 맡아 활동하고 있었기에 원장님 부탁을 거절할 방법이 없었다. 친한 엄마 몇몇을 겨우 설득해 어느 정도 인원을 구성하고 나니, 우리에게 밀려오는 건 막막함뿐이었다. 동네 유치원 공연이지만, 준비할 것이 한두 가지가 아니었다. 스토리 구상에서부터 대본 짜기, 무대 기획, 연기, 연출까지 모두 우리의 힘으로 해야 했다. '전문가들도 힘들어하는 과정을 우리가 할 수 있을까?' 자문했다. 만장일치의 대답은 '아니요' 그래서 그냥 노래나 틀어놓고 율동이나 하자고 합의를 봤다.

그런데 시간이 갈수록 욕심이 생겼다. 불쑥불쑥 튀어나오는 아이디어에 놀라고, 슬슬 드러나는 엄마들의 과거가 우리에게 희망을 불어넣었다.

결과는 대박이었다. 생동감 넘치는 극본, 아이디어가 빛나는 무대, 생각보다 리얼한 분장 의상, 거기에 배우들의 탄탄한 연기 실력까지. 뭐 하나 나무랄 것 없었다. 그리고 공연의 하이라이트이자 성공의 결정적 요인이 하나 더 있었다. 바로 아이들이 직접 극에 참여할 수 있도록 한 스토리 구성.

동극의 제 1막은 집 짓는 장면이었다.

돼지 삼 형제는 각자, 집 만들기 재료를 들고 관중석으로 들어갔다. 세 팀으로 나뉜 아이들은 돼지와 함께 집 모양 박스에 지푸라기, 나무, 벽돌 무늬 색종이를 붙여서 집을 완성해 갔다. 아이들은 무대 위에 올라와 적극적으로 돼지 삼 형제를 도우며 즐거워했다.

제 2막은 숨바꼭질 장면이었다.

양들이 늑대를 피해 아이들(관중석) 사이로 흩어져 숨을 곳을 찾았다. 아이들은 그들 위로 '인간' 무덤을 만들었다. 필사적으로 양을 도우려는 아이들의 숨 가쁜 행동들은, 공연장 전체를 절정 이전의 긴장감으로 내몰았다.

제 3막, 클라이막스!

늑대가 관중석을 휘저으며 "양들이 어디 숨었니?" 물으면, 반대쪽을 알려 주는 아이, 못 봤다며 거짓말하는 아이, 진짜 같은 늑대의 연기에 너무 놀라 엉엉 우는 아이까지, 아이들은 양들을 살리기 위해 혼신을 다해 연기했다.

그렇게 술렁이던 공연장은 의도하지 않은 사건으로 순식간에 정리되었다. 아이들은 무서운 늑대에게 자신들의 연기가 통할 리 없다는 걸 깨달았는지 갑자기 늑대의 반대편으로 모여

들었다. 그리곤 모두 힘을 모아 늑대(당시 늑대 역할은 내가 했다)를 밀었다. 순간 나는 중심을 잃고 쓰러졌다. "쾅" 소리에 어지러웠던 관중석이 잠잠해졌다. 예상치 못했던 상황에 당황해 아픈 줄도 모르고 멍해졌다. 1초, 2초, 3초…. 시간이 얼마나 지났을까. "잘못했어요. 살려 주세요. 양들 안 잡아먹겠습니다." 무릎을 꿇고 눈물을 흘리며 늑대는 빌고 있었다. "야호. 야호. 야호. 이겼다!" 어디서부터 시작되었는지 모르지만, 점점 커져 공연장 안을 가득 메운 승리의 함성은 그날 공연의 하이라이트가 되었다. 나 그리고 함께 연극을 준비한 엄마들, 선생님들, 그리고 아이들, 모두가 이루어 낸 결말. 해피엔딩이었다.

하나의 연극을 완성하려면 여러 분야의 전문가가 필요하다. 감독, 연기, 미술, 극작, 음악과 음향 효과, 그리고 무대 연출까지. 거의 종합 예술인 것이다. 연극을 준비하다 보니 이제껏 알지 못했던 엄마들의 재능이 드러나기 시작했다. 극본은 소설을 좋아하는 내가 담당했다. 무대 연출과 소품 제작은 미술을 전공한 엄마가 맡았다. 의상은 의류 회사에서 일했던 엄마가 준비했다. 음악이랑 효과음은 첼로 과외를 하는 엄마가 주도했다. 연기는 드라마 광팬인 엄마의 지도에 따랐다. 수십 번 만나

수다를 떨고, 함께 시간을 보냈으면서도 이토록 서로에 관해 모르고 있었다니, 한 명 한 명이 새롭게 보였다.

제4회 MBC 대학가요제에서 은상을 받은 '연극이 끝나고 난 후'의 노래 가사는 그날 연극을 마치고 일상으로 돌아간 우리들의 모습을 그려 놓은 것 같다. 연극이 끝난 후의 무대는 언제나 쓸쓸하다. 공간을 가득 채우고 있던 에너지가 사라지고, 아무도 없는 어두운 무대만 남는다. 우린 뜨거웠던 가슴을 안고 다시 집으로 돌아갔다. 전처럼 밥하고 빨래하며 하루를 보냈다. 어느새 부풀어 올랐던 열정도 식어 갔다. 힘든 줄 모르고 밤새워 소품을 만들고 연기를 연습하던 우리의 모습이 마치 꿈같았다. 일상으로 돌아간 것이다.

우리의 일상이 의미 없다는 얘기가 아니다. 자신은 그림자처럼 사라지고, 단지 아내와 엄마로서만 반복되는 일상이 공연이 끝난 무대처럼 공허하게 느껴졌다. 공연을 준비하며 하루하루 열정적으로 살았을 때 우리는 백조였다. 그러나 무대 뒤의 우리는 미운 오리 새끼 같았다. 그저 흔한 아줌마일 뿐이었다. 꿈과 목표의 부재가 우리의 귀한 하루하루를 그토록 의미 없게 만들었다.

당신
지금 행복하세요?

누군가가 "당신 지금 행복하세요?"라고 묻는다면. 뭐라고 답을 할까? 나는 "행복할 때도 있고 그렇지 않을 때도 있습니다"라고 답할 것 같다. 누구나 행복할 때도 있고 불행할 때도 있다. 그럼, 사람은 어떨 때 행복을 느낄까?

사람들은 흔히 안정된 직장과 안락한 가정을 이루고 사는 것이 꿈이라고 말한다. 가족과 여행을 가거나 함께 시간을 보낼 때 소소한 행복을 느낀다고 한다. 언뜻 보면 그들이 작은 것에 만족하고 쉬이 행복을 느낄 것 같지만, 그렇지 않다. 그들은 개인이 아니라 가족의 행복을 추구하기 때문에 원하지 않는 희생을 강요받기도 하고 사소한 이유로 불행해지기도 한다.

행복의 방해 요소가 그만큼 많은 것이다.

어떤 이들은 타인의 불행에 행복을 느끼기도 한다. '사촌이 땅을 사면 배가 아프다'라는 속담이 있다. 남 잘되는 일에 자신이 불행하다는 얘기다. 반대로 말하면, 타인의 불행이 오히려 자신에게는 행복이 될 수 있다는 말이다. 그러나 그건 진정한 행복이 아니다. 인간이 가지고 있는 사악한 이면에 의한 얕은 행복일 뿐이다. 『언어의 온도』 작가 이기주는 이런 말을 했다. "인간은 얄팍한 면이 있어서 타인의 불행을 자신의 행복으로 종종 착각한다. 하지만 그런 감정은 안도감이지 행복이 아니다. 얼마 못 가 증발하고 만다." 그렇게 느낀 행복은 타인이 조금이라도 행복해지면, 금방 불행으로 바뀐다. 그렇게 본다면 그 행복은 잠깐의 안도일 뿐이다.

행복을 바라보는 또 다른 관점도 있다. 가족이나 타인과는 상관없는 개인의 행복이다. 웨인 다이어는 자신의 저서 제목처럼 행복을 위해 이기주의자가 되라고 한다. 그는 자신을 먼저 사랑하고 현재에 충실하라고 독려한다. 다른 사람의 눈치 보지도 말고, 다른 사람에게 의존하지도 말라고 한다. 현재의 순간순간을 자신만을 위해 사용하는, '행복한 이기주의자'가 되라고 말이다. 어쩌면 원초적으로 외로운 존재인 인간에게, 진정한 행복은 이렇게 이기적인 행복이 아닐까 싶다. 그는 자기 자신을 사랑하는 일을 잘하게 되면 어느새 다른 사람을 사랑할 줄 알게 된다고 한다.

> "행복은 향수와 같아서 먼저 자신에게 뿌리지 않고서는 다른 사람에게 향기를 발할 수 없다."
> __ 랄프 왈도 에머슨

나는 향수를 좋아한다. 진하지 않은 향수를 몸에 뿌리고, 코에 상쾌한 자극을 받을 때 행복을 느낀다. 그 향은 나를 스쳐 지나가는 사람들의 코도 행복하게 할 것이다. 내가 행복하지 않고는 자신의 가족과 친구, 이웃을 행복하게 할 수 없다. 나의 행복 없이 오로지 타인의 행복만을 위해 희생하다 보면 언젠간 지친다. 그리고 회의에 빠진다. 내가 베풀고 희생한 만큼 똑같이 돌아오지 않기 때문이다.

니체는, 행복이란 힘이 증가하고 있다고 느낄 때나 저항을 초극했다는 느낌을 받을 때 온다고 말했다. 자신과 싸워 자신을 극복했을 때, 자신이 고양되었다고 생각될 때 행복을 느낀다는 말이다. 자신만의 꿈과 목표를 갖고, 그것을 이루기 위해 노력하면서 발전하는 자신을 발견해 보자. 똑같이 반복되는 일상이라 하더라도, 목표가 있다면 이전보다 한 단계씩 나아지는 자신을 발견하며 성취감을 얻을 수 있으리라. 만족감을 느끼는 과정에서 자존감이 높아진다. 꿈으로 한 발짝 가까워지면서 희망에 부풀기도 한다.

행복은 결코 타인이나 외부로부터 오지 않는다. 그러니 다른 사람에 의해 행복을 얻으려 하거나 다른 사람과 비교해 행복을 느끼려 해선 안 된다. 무엇보다 자신의 행복이 우선되어야 하고, 그로 인해 타인도 행복하게 만들어야 한다. 오로지 자신의 꿈을 향해 달려갈 때, 행복의 가쁜 숨을 쉬게 된다. 꿈이 없는 행복은 모래 위의 성과 같은 것이다. 완벽하게 행복하다 착각하고 있을 때, 밀려오는 파도에 성은 흔들리고, 곧 흔적도 없이 사라지게 된다. 물거품만 남는다. 혹시 지금 행복하지 않다고 느낀다면, 자신에게 물어봐야 한다.

"나에겐, 오직 나만을 위한 꿈이 있는가?"

06

아무도 나에게
희생하라고 한 적 없다

"일을 하는 여성이건 살림만 하는 여성이건 둘 다 서럽고 만족되지 못한 삶을 사는 것 같아요. 살아 보지 못한 삶의 회한이 많거든요. 일을 하는 여성이건 집에서 아이를 돌보는 여성이건 다 울어요. 그럼 어떻게 사는 게 맞았던 걸까요? 30년간 울어 본 저로서 내린 결론은 '울긴 우는데 이 자리에서 10년 이상 울었다면 어쩌면 이 자리가 나에게 맞아서 여기서 운 거다'라는 거예요."

『김미경의 인생미답』의 한 부분이다. 일하는 여성이건 살림만 하는 전업주부이건 간에, 양쪽 다 후회와 아쉬움이 있다. 내 경우도 그랬다. 일할 때는 무엇보다 아이들을 챙겨 주지 못

하는 것이 미안했다. 정돈되지 않고 엉망인 집안 살림을 보면 죄책감과 동시에 스트레스가 쌓였다. 그때는 집안일을 하며 아이들 돌보는 가정주부로 살고 싶었다. 하지만 전업주부로 지내다 보니 밖에서 일할 때가 좋았다는 생각이 든다. 내 일을 할 때는 시간을 자유롭게 쓰고, 경제적으로도 여유로웠다. 무엇보다 일에서 얻는 성취감과 나에 대한 만족이 컸다. 완벽한 게 없다. 둘 다 다 경험한 나로서도 어떤 것이 더 낫다고 말할 수 없다. 나가면 들어오고 싶고 들어오면 나가고 싶다. 나는 결혼 생활 15년 중에 5년은 밖에서 일했고, 10년은 집 안에서 아이들을 돌보며 살림을 했다. 저자의 말대로라면 나는 집 안에서 10년 울었으니, 여기가 내 자리인 셈이다.

가정에서 아이들과 지내며 살림하고 싶어 했던 마음은 나의 유년 시절 때문이었다. 우리 엄마는 미용실을 하셨다. 아빠 대신 가장으로서 생계를 책임지셔야 했기 때문이다. 엄마는 눈 떠서부터 잠들기 전까지 미용실에서 손님 머리를 손질하셨다. 어느 땐 밥 먹을 시간도 없이 일하셨다. 일하는 엄마 밑에서 언니와 오빠, 그리고 나는 어린 나이였지만 스스로 챙겨야 했다. 등교했다가 미처 챙기지 못한 준비물 때문에 다시 집에 돌아간 날도 잦았다. 그러나 언제나 엄마의 철 금고엔 지폐가 넘쳤다. 엄마가 사 준 보라색 코르덴 원피스를 입고 손목엔 값비싼 전자시계를 차고 자랑스럽게 등교했던 날, 선생님은 반 아이들에게 구구단을 외게 하셨다. 나와 몇몇 아이들은 제대로 외우지 못했고, 칠판 옆에 서서 수업이 끝날 때까지 벌을 받았다. 벌 받는 건 그런대로 참을 만했다. 그러나 그날이 지금까지 수치스럽게 기억되는 건, 선생님께서 내게 한 말 때문이다.

"넌 구구단도 못 외우는 애가 손목에 전자시계는 뭣 하러 차고 다니니? 시계 볼 줄은 알아?"

비웃는 선생님을 따라 아이들도 일제히 따라 웃었다. 핸드백이 세트로 달린 보라색 원피스는 초라한 무대의상이 되고, 자랑거리로 차고 갔던 값비싼 전자시계는 비웃음거리가 되고 말았다. 그날의 수치는 나머지 공부로 마무리되었다. 엄마가 챙겨 주지 못한 학교생활은 말 그대로 엉망이었다. 그래서일까? 난 일하는 엄마가 되고 싶지 않았다.

준비물 챙겨 주고 공부도 봐주고, 학교 봉사 활동도 열심히 참여했다. 학부모회 회장을 맡아 활동하면서 치맛바람을 일으키고 다녔다. 그 모든 게 어쩌면 어릴 적 나에게 주는 보상이었던지 모르겠다. 내가 받지 못했던 걸 아이들에게는 꼭 해 주고 싶었다. 한동안 열심히 남편과 아이들을 챙기고 집안일을 하면서 지냈다. 아이들은 건강하게 잘 자라고 남편의 사업도 잘되었다. 완벽한 가정을 이룬 것처럼 보였다. 그러나 한편으로는 채워지지 않는 허전함이 있었다. 모두 잠든 밤, 드라마 몰아보며 맥주 한 캔 마시는 게 나의 유일한 낙이었다. 그렇게 삶의 의미를 잃어버린 채 하루하루를 살아가고 있었다.

어릴 때부터 작가가 되고 싶었다. 나이 먹어서는 엄두도 내지 못했던 꿈이었다. 가족을 위해 워킹맘이 되었고, 가족을 위해 전업주부가 되었다. 모두가 내 선택이었지만, 어느 곳에서도 만족하지 못했다. 정작 중요한 것이 빠진 것처럼 내 선택에는 늘 부족한 무언가가 있었다. 그리고 나는 그 부족함을 다른 것으로 채우려 하며 살았다. 언제나 희생한 만큼 보상이 따라오지는 않았기에 나는 만족하지 못했고 불행했다.

그러던 '어느 날' 나는 작가가 되겠노라 결심했다. 막상 결심하고 보니 글 쓰는 일이 내 상황에 딱 맞아떨어지는 것이 아닌가! 시간을 자유로이 쓸 수 있으니 아이들 돌보는 일에도 지장이 없을 테고, 수입이 생기면 잡다한 집안일 정도는 도움을 받을 수도 있다. 그뿐 아니라, 책 읽고 글 쓰는 모습을 아이들에게 보여 주는 것만으로도 교육적 효과가 클 것이다. 기왕에 미래를 위해 아이들을 뒷받침해 줘야 한다면, 공부하라 닦달하고 학원이며 학교로 아이들을 나르는 딜리버리 서비스 기사보다, 내가 나서서 꿈을 찾는 롤모델이 되고 싶었다. 꿈이란 이뤄가는 과정만으로 행복할 수 있는 것, 꿈을 향한 공부가 얼마나 재미있고 가슴 뛰는 것인지 보여 줄 생각이었다. 무엇보다 '작가'가 된다는 것, 얼마나 멋진 일인가!

> "생각하는 대로 살아야 한다. 그러지 않으면 사는 대로 생각하게 될 것이다."
>
> ─ 폴 발레리

아무도 나에게 희생을 강요하진 않았다. 그러나 나는 어릴 적 희생하는 엄마를 보며 자랐다. 어른이 되고 보니 다들 그렇게 살고 있었다. 사회 분위기에 떠밀려 내 꿈은 사라졌다. 그게 옳다고 생각하며 살았다. 그러나 삶이 그렇게 만만하지가 않다. 사는 대로 생각하다 보니 허하고 불행하다. 그럼 이번엔 생각하는 대로 살아 볼까? 꿈꿔 볼까? 한 번뿐인 인생. 가슴 떨리게 살아 보자. 내일 죽어도 후회 없도록. 나, 우리 가족, 그리고 세상 모두.

07

혹시 꿈 있으세요?

일하는 엄마를 뒤로하고 미용실에서 나왔다. 하늘도 거리
도 온통 붉게 물들어 있었다. 노을빛도 아니었다. 태양은 보이
지도 않았다. 세상이 온통 뿌연 연기 같은 것에 휩싸여 있었
다. 이상하다 싶어서 거리로 천천히 걸어 나가다 앞을 가로막
고 있던 벽에 부딪혔다. 황금빛의 물고기 비늘 같은 것으로 뒤
덮인 벽은 양옆으로 끝도 없이 펼쳐져 있었다. 나는 신비롭고
기이한 벽을 만지려고 팔을 뻗었다. 벽을 만지려는 순간, 몸이
공중으로 떠올랐다. 발밑으로 내가 사는 동네가 통째로 내려
다보였다. 내가 보았던 벽의 정체는 다름 아닌 용이었다. 커다
랗고 긴 용의 몸뚱어리가 엄마의 미용실뿐만이 아니라, 시내
를 가득 채우고 더 먼 곳까지 뻗어 있었다. 용의 몸은 구불구

불 골목들을 가득 메우고 있었다.

　7살 무렵, 자다가 놀라 일어났는데, 꿈속에 나온 용이 너무 생생하고 무서워 엉엉 울었던 기억이 난다. 그 꿈이 지금도 선명하다. 그땐 그냥 악몽으로 생각했다. 그러나 커 가면서, 그때의 꿈이 나의 범상치 않은 미래를 예견한 게 아닐까 하는 생각이 들었다. "넌 미래에 아주 큰사람이 될 거야." 밤에 잘 때 꾸는 '꿈'이라는 단어와 미래의 희망을 얘기하는 '꿈'이라는 단어가 같은 것처럼. 영어도 마찬가지이다. 잘 때 꾸는 'Dream'과 미래의 희망인 'Dream' 두 단어가 같다. 지그문트 프로이트는 그의 저서 『꿈의 해석』에서 꿈의 목적은 소망 충족에 있다고 했다.

　사람들을 만나면 "혹시, 꿈 있으세요?"라고 종종 묻고는 한다. 그것도 주로 40대가 넘은 중년들에게 말이다. 그럼 대개는 가족들의 건강과 집안의 안정이라 말한다. 그건 여자와 남자가 거의 동일했다. 얼마 전 회사 대표님과 일산의 한 골프 클럽으로 연습 라운딩을 다녀오던 길이었다. 퇴근 시간이라 도로정체가 심했다. 9인승 승합차 안, 다른 일행들은 잠들어 있었다. 나는 창밖으로 도로 위 차들을 보다가 운전하시는 대표님께 물었다.

"대표님! 혹시, 꿈 있으세요?"
"네? 꿈이요? 음….."

대표님은 뜬금없는 질문에 당황하신 듯했다.

"그냥 가족들이랑 건강하고 행복하게 사는 거죠, 뭐."

역시 내가 예상했던 모범답안이었다. 나는 뻔한 대답에 잠시 실망했다. 하지만 대표님은 이내 자신의 작은 소망을 이야기하기 시작했다.

"아, 옛날에 꿈이 하나 있긴 했어요. 어디 한적한 곳에 술집을 하나 차리는 거요."
"술집이요?"
"그냥 지인들이 와서 한잔하면서 저랑 같이 연주도 하고, 쉬다가 가는 그런 곳이요."

"연주요? 아 연주 클럽 같은 곳 말씀하시는 거죠? 근데 연주하실 줄 아시는 악기가 있어요?"

"아! 베이스 기타 좀 칠 줄 알거든요."

"어머, 기타 잘 치시는구나. 멋지네요."

평상시 대표님은 아주 스마트하신 분이셨다. 업무 파악이 빠르고 문제 해결 능력도 뛰어나셨다. 특히 컴퓨터에 능하셔서 회사의 모든 컴퓨터 관련한 업무를 도맡아 하고 계셨다. 그런데 그런 분이 기타를 연주하신다니 참 놀라웠다. 어릴 적 꿈이 기타리스트였다고 했다. 결혼하고 가정이 생긴 후엔 가족의 생계를 책임지려 꿈을 포기하셨겠지만 말이다. 먼 훗날 가장의 책임을 다하고 나서 작은 클럽을 하나 열어 지인들과 함께 연주하며 살고 싶다는 얘기를 할 땐 소년처럼 들떠 보였다.

〈스타워즈〉라는 영화로 우리에게 미래를 꿈꾸게 했던 영화감독 스티븐 스필버그는 "나는 밤에만 꿈을 꾸는 게 아니라 하루 종일 꿈을 꾼다. 나는 먹고살기 위해 꿈을 꾼다."라고 말했다. 우리는 모두 어릴 적 꿈이 있다. 대통령이 되고 싶었던 사람도 있고, 기타리스트가 꿈이었던 사람도 있다. 어릴 적 꿈

마흔 넘은 여자는 무슨 재미로 살까?

을 이룬 사람도 있지만, 대부분은 그렇지 못하다. 우리는 자라면서 꿈을 잊어버리거나, 더러는 포기하고 적당히 타협하기도 한다. 한때 기타리스트가 꿈이었던 소년은, 작은 클럽을 운영하며 지인들과 함께 연주하는 소박한 소망을 품고 사는 어른이 됐다. 꿈속에 나왔던 엄청나게 큰 용처럼 세계를 휘어잡을 위인이 되겠다던 소녀는, 단 한 명이라도 자신의 책을 읽고 위안을 얻고 꿈꾸기를 바라는 초보 작가가 됐다. 가족의 건강과 행복이 자신의 꿈이라고 말하는 나와 다른 모든 이. 우리는 저마다의 희망을 품고 살아간다. 이제는 용기 내어 자신이 진정으로 바라는 것을 꺼내 볼 시간이다.

08

지금 행복하다면
변화하라

"변화를 꼭 해야 합니까?"

　사람들은 변화를 좋아하지 않는다. 안정된 직장과 편안한 가정을 이루고 사는 보통 사람들의 경우에 더 그렇다. '소확행'이라는 신조어처럼 일상의 소소한 행복을 추구하는 것이 트렌드인 세상이다. 요즘 사람들은 현재 다니는 직장이나 하고 있는 일에 만족하며 가족들과의 일상을 즐기고자 한다. 얼핏 '머무르는 삶'을 추구하는 듯 보이지만, 우리도 우리의 삶이 계속 변해 가고 시대도 빠르게 발전하고 있음을 알고 있다. 몇 년에 한 번씩 대학입시 전형이 바뀌고 해마다 새로운 기능이 업데이트된 스마트폰이 출시된다. 인공지능 기술이 일상 곳곳에 빠르게 적용되어 우리의 삶은 하루가 다르게 편리해진다. 변화를 반기지 않는다고 말하지만, 우리는 이렇게 변화 속에 살고 있다.

2018년 12월 3일 동아일보에 이런 기사가 실렸다.

　"'아버지 부시' 전 대통령이 11월 30일 별세했다. 제2차 세계대전에 군인으로 참전한 마지막 미국 대통령이다. 약관의 나이에 무공훈장을 받고 제대한 뒤 석유 사업가, 하원의원, 유엔 미국대사, 중앙정보국 국장 등을 거치며 폭넓은 방면에서 권력을 구축했다. 대통령 재임 중에는 독일통일, 소비에트연방 해체에 힘입어 '팍스 아메리카나(미국의 군림) 시대'를 열었다. 1989년 파나마 침공, 1990, 1991년 이라크와의 걸프전 승리로 막강한 무력을 과시했다. 극심한 경기 침체로 재선에 실패했지만, 여러 봉사활동에 매진하고 90세 나이에까지 스카이다이빙을 하는 등 노역장을 보여 줬다."

　　— 동아일보 손택균 기자의 기사 중

세계 최고의 왕, 미국 대통령직에서 퇴임하고도 부시는 인생이 끝난 것처럼 멈춰 있지 않았다. 보통 사람이라면 여행 다니고 책이나 읽으면서 여생을 즐길 생각을 했을 것이다. 그러나 부시는 달랐다. 부시는 자선단체에 들고 봉사 활동을 하면서 보다 높은 인간상으로 거듭나고자 노력했다. 평범한 사람들에게 '미국 대통령'이라는 자리는 세상에서 가장 높은 자리로 보일지 모른다. 그러나 신의 관점에서 본다면 미국 대통령도 그저 하나의 직업에 불과할 뿐이다. 타인을 돕고 세상을 위해 힘쓰는 일은 보다 고차원적이다. 천국을 향해 놓인 계단을 오르는 것과 같다.

고인 물은 썩기 마련이다. 현재 삶에 만족하고 자신의 업적에 만족한다 해도 거기에 머물러 있는 건 좋지 않다. 새로운 일에 도전하고 나아가려고 노력해야 한다. 변화하는 환경과 변화하는 인생에서 정체해 있는 건 '퇴화'를 의미한다. 금언에 "도전하는 삶이 아름답다."라는 말이 있다. 장래가 보장된 공무원 자리를 버리고 새로운 사업에 뛰어든 사람이 있다. 남들이 다 부러워하는 판사직을 내던지고 종교에 귀의 한 사람도 있다. 보장된 삶에 안주하지 않고 새로운 것을 시도한 이들은 마침내 새로운 결실을 보고 삶의 즐거움을 맛보게 된다.

"우리에게 가장 큰 피해를 끼치는 말은 '지금껏 늘 그렇
게 해 왔어'라는 말이다."
＿ 그레이스 호퍼

우리는 변화를 두려워한다. 익숙한 공간, 알던 사람, 반복되
는 생활. 그 속에서 내가 알고 내가 해 왔던 방식대로 살아가
는 것을 안정된 삶이라 여긴다. 익숙함을 편안해한다. 나 역시
변화를 두려워하고 누구보다 익숙한 것을 선호하는 사람이었
다. 늘 가던 맛집을 고집하고, 익숙한 동네에 살고, 옛 친구만
을 좋아했다. 그러나 사람은 항상 변한다. 상황도 나이도, 생활
도 변한다.

"갈 때마다 매번 치수를 새로 재는 단골 양복점 주인만이
현명하다. 그를 제외한 나머지 사람들은 옛날 치수에 나를 맞
추려고만 한다."

조지 버나드 쇼가 말했다. 나는 맞지 않는 옷 때문에 불편

해하면서도 누군가가 그 옷을 벗겨 줄 때까지 기다리고 있었다. 새 옷을 입는다는 어색함과 새로운 옷도 지금 것과 별다를 것 없이 불편할 수 있다는 두려움 때문이었다. 그저 현재의 불편함을 감수하는 편이 낫다는 판단이었다. 하지만 조지 버나드 쇼의 말처럼 옛날에 맞춘 옷은 옛날 치수의 옷일 뿐 지금 내 몸에는 맞지 않는다. 우리는 몸에 맞는 옷으로 갈아입어야 한다.

변화해야 한다. 그래야 더 발전하고 편리한 삶을 살 수 있다. 나는 뜻하지 않은 상황 때문에 직업을 여러 번 바꾸었다. 하지만 그때마다 상황을 받아들였다. 그리고 지금에 왔다. 그렇게 변화에 변화를 거듭한 지금의 나는 어쩌면 상황이 만든 나일 수도 있다. 그러나 이제는 내가 나의 삶을 주도할 것이다. 조금 더 적극적으로 변화를 받아들인다면 더욱 풍성하고 성공적인 삶을 살 수 있지 않을까?

"살아남는 존재는 가장 강한 종도, 가장 지능이 높은 종도 아니다. 변화에 가장 잘 적응하는 종일뿐이다."
— 찰스 다윈

2장

사랑

얼마 전, 나는 결혼생활의
최대 위기를 맞았다

세상 모든 기적 중, 가장 믿기 힘든 이야기가 있다. 성경 속 '홍해의 기적'이다. 이집트에서 핍박받던 이스라엘 백성을 구하시려 하나님께서 홍해를 갈라 이집트 군사를 물로 쓸어버리신 일이다. 하지만 이스라엘 백성의 믿음은 오래 가지 못했고 일부의 어리석음과 교만으로 그들은 40년간 사막에서 유랑 생활을 한다. 그 기나긴 사막 유랑이 끝나고 '젖과 꿀이 흐르는 땅'을 눈앞에 맞이하지만, 땅의 주인이 될 수 있음을 믿지 못한 대다수는 그 땅으로 들어가지 못하고 생을 마감한다. 오직 자신의 땅이라고 믿은 사람들만이 땅의 주인이 되었다.

과거의 나는 삶이 내 의지가 아닌 다른 어떤 거대한 힘으로 좌우된다고 느꼈다. 유년 시절 불행은 우울한 가족사 때문이라 생각했다. 젊을 땐 환경 탓에 여러 직업을 전전하느라 성공하지 못했다 생각했다. 결혼 후엔 상처받고 행복하지 않은 것은 남편 탓이라 원망했다. 지금까지 겪은 모든 일을 돌아보자. 태어나고 자라고 만나고 헤어지고 싸우고 상처 주는 일들이 반복되었다. 불행할 때는 왜 나에게만 이런 일들이 벌어질까 생각했다. 하지만 어찌 됐건 내가 주인공인 내 인생이다. 그렇기에 모든 것이 내 탓이다. 내 인생은 내가 고치고 만들어가야 한다. 그러나 도대체 그 '내 탓'이라는 부분에서 진도가 나가질 않았다. 열심히 책을 읽고 교회도 나가 보았다. 강연도 듣고 모임에도 참석했다. 하지만 '내 탓'이라는 부분은 도무지 용납되질 않았다. 겸허히 받아들인다고 치자. 그로 인해 끝 모르고 떨어지는 자존감은 어찌해야 좋단 말인가?

얼마 전, 나는 결혼생활의 최대 위기를 맞았다. 15년 동안 내 반쪽이라고 믿었던 남편의 외도 사실을 알게 된 것이다. 남편 전화기에 녹음된 음성 파일에는 어느 여자와의 통화 내용이 담겨 있었다. 둘은 서로 다른 사람을 만날까 걱정하며 사랑을 속삭였다. 그 걱정의 대상에 나는 포함되지 않았다. 여자,

남자, 그리고 아줌마 중에 나는 여자도 남자도 아니었다. 그냥 아줌마였다. 지금까지 남편에게 사랑받는 여자라고 착각하고 살았다. 그날 그렇게 "빵" 하고 가슴에 총을 맞고, 커다란 구멍이 생긴 뒤에야 알게 되었다. 남편에게 나는 여자가 아니었다.

아니 그럼 그것도 '내 탓'이란 말인가? 내가 못생겨서, 나이가 많아서, 아들이 없어서, 어린 여자들만큼 혀 짧은 소리를 못 내서, 피부가 까매서, 근검절약을 못 해서, 건망증이 있어서, 너무 속없이 다 말해 버리는 성격이라, 친정이 빵빵한 집안이 아니라, 학벌이 낮아서, 돈을 안 벌어 와서, 생각하면 생각할수록 화만 더 났다. 이렇게 내 탓을 하고 문제를 나로 돌리다 보니 자신이 더욱 초라해졌다. 우울하고 기운이 빠졌다. 자존감은 나락으로 떨어졌다. 밥도 먹기 힘들었다. 점점 초라해져 갔다. 그렇게 이도 저도 아닌 어딘가에서 방황했다. '이혼을 할까 말까' 고민도 했다. 사이가 좋은 것도 나쁜 것도 아닌, 화해한 것도 싸우는 것도 아닌 그저 그런 하루하루를 보내고 있었다. 남편을 그저 돈 벌어다 주는 사장님으로 생각하라던 친한 언니들의 조언을 가슴에 아로새기며 나를 다독였다. 아이들을 생각하며 이를 악물고 하루하루를 버텼다.

그러던 어느 날 책을 읽다 가슴을 파고드는 구절에 전율을 느꼈다.

"내 인생에 어떤 일이 일어나든 그것은 내 잘못이 아니다. 다만 나의 책임일 뿐이다."

조 비테일, 이하레아카라 휴 렌의 저서인 『호오포노포노의 비밀』의 한 구절이다. 이 책은 신비한 비밀을 알려 주는 책이 확실했다. 책 속 한 줄 글귀에 그동안 쌓였던 나의 고민과 아픔들이 일순간에 사라졌다. 아주 명쾌하고도 확실한 답안이었다. 나의 과거지사와 최근의 몇몇 사건 사고들에 대한. '그래 내 잘못이 아니지. 내가 뭐 그리 모자라고 형편없어서 나 때문에 그랬다는 거야. 말도 안 되는 소리지. 그럼.' 땅에 떨어졌던 자존감이 "팡" 하고 하늘로 튀어 올랐다. 내가 어찌해 볼 수도 없이 망가져 버린 내 인생, 내 사랑, 내 아이들. 내 인생에 어떤 일이 일어나든 그것은 내 잘못이 아니다. 다만, 그 모든 것이 나의 책임일 뿐이다.

"그래. 내가 책임져야 할 일들이고, 인생이고, 사랑이고, 가정이고, 아이들이다. 35km의 마의 장벽을 이기고 42.195km의 마라톤 코스를 4시간 20분에 완주한 포기리스(포기less)의 아이콘 '영미' 아니던가! 남편의 그녀를 찾아가 미친 것처럼 소리소리 지르든, '미안해요. 용서해 주세요. 사랑합니다. 감사합니다.' 주문을 외우든, 뭐든 해 보자. '돈 때문에 사는 거다.', '자존심도 없냐?', '나 같으면 못 산다.', '등신 아니고서야 저러고 안 살지.' 그렇게 수군대도 그건 그네들의 짧은 소견일 뿐, 절대 내 바람이 아니야. 나는 소중한 가정을 지킬 거야. 절대 사랑하는 딸들에게 나와 같은 아픔을 물려주지는 않을 것이다."

되뇌고 되뇌었다. 눈물이 났다. 이제는 더 이상 상처와 슬픔, 절망의 눈물이 아닌. 기쁨과 희망의 눈물이었다.

천지가 개벽하며, 홍해를 가르는 기적처럼 태어났지만, 나는 40년을 사막에서 유랑 생활 중이었다. 모세를 원망하고 하나님도 원망하면서 말이다. 이렇게 인생이 대충 저물어 가는가 보다 하고 포기할 때쯤, 그리도 그리고 꿈꿔 왔던 젖과 꿀이 흐르는 땅이 보이기 시작했다. 그 땅은 믿지 않는 사람은 들어갈 수 없다. 나는 믿는다. 아니 믿는 걸 넘어 눈앞에 훤하게 보인다. 그 땅에서 나는 주인으로 새로운 삶을 살게 되리라.

사랑을
드라마로만 배웠어

"신데렐라는 왕자와 결혼해 행복하게 살았답니다."

신데렐라와 왕자가 만나서 결혼을 한 것까지는 참 재밌고
좋았다. 그런데 그 후엔? 결혼 후엔 어떻게 행복하게 살았는
데? 어린 눈에도 그 '행복하게 살았답니다.' 부분이 영 석연치
않았다. 우리는 대부분 어릴 적 『신데렐라』를 읽었다. 책을 접
하지 않았더라도 만화나 이야기로라도 들어서 안다. 여자아이
들은 동화 속 신데렐라처럼 언젠가 자신도 왕자님을 만나기를
꿈꾼다. 그래서일까 여자들이 좋아하는 드라마 속 남자 주인
공들은 모두 왕자와 비슷하다. 돈 많은 재벌 2세나 능력 좋은
회사 임원 정도. 왕자처럼 외모도 준수하다. 거기다 하나같이

로맨티스트다. 오로지 주인공만을 사랑하는 그런 남자다. 나 또한 평범한 여자들과 별반 다르지 않았다.

　우리나라 동화 중, 남녀가 바뀐 경우도 있다. '평강공주와 바보 온달' 이야기다. 고구려 25대 평원왕 때, 평양산 밑 낡은 집에 온달이라는 청년이 살고 있었다. 그는 눈먼 어머니를 모시며 열심히 사는 마음씨 착한 청년이었다. 그러나 마을 아이들은 허름한 옷차림의 그를 바보 온달이라 놀렸다. 한편 평원왕에게는 공주가 하나 있었다. 평강공주는 어려서부터 잘 울었는데 왕은 그때마다 "자꾸 울면 바보 온달에게 시집보낸다." 하고 말하곤 했다. 후에 귀족에게 결혼시키려는 왕의 뜻을 거역하고, 평강공주는 궁을 나와 온달과 결혼한다. 공주는 온달을 공부시키고 무예까지 익히게 한다. 온달은 전쟁에서 공을 세우고 큰 벼슬에 오른다. 간혹 이런 드라마도 있다. 이런 유형의 동화나 드라마는 결혼한 아줌마들이 선호한다. 동화 속 왕자님을 현실에서 만나지 못한 한이라도 풀 듯, 자신의 평범한 남편이 어서 출세해 돈을 왕창 벌어오길 바란다. 동화나 드라마가 현실과 동떨어진 이야기인 것만은 아니다. 꼭 왕이나 재벌이 아니더라도 우리의 주변에는 비슷한 스토리를 가진 사람들이 종종 있다.

남자는 공항 '도착' 게이트를 나오자마자 여자를 데리고 주차장 쪽으로 향한다.

"자기야 우리 차 안 가져왔잖아! 공항 리무진 타든가, 아님 택시 타야지."

여자는 택시 정류장이 아닌 주차장 쪽으로 곧장 앞장서 가는 남자 친구를 말리며 말한다.

"아! 누가 데리러 온다고 했어. 빨리 따라와. 기다리고 있대."

남자는 두 개의 커다란 캐리어를 동시에 밀며 걸음을 재촉한다. 주차장에 들어선 남자는 알파벳과 숫자로 표시된 구역들을 확인해 가며 앞장선다. 곧 남자는 목적지를 찾은 듯하다. 여자는 남자를 따라 멈춰 섰다. 쌀쌀한 날씨에 맞게 두툼하고 따뜻한 모직 재킷에 회색 양복바지를 깔끔히 갖춰 입은 머리가 희끗희끗한 중년 남자가 여자를 보고 깍듯이 인사를 한다. 그리고 옆에 오픈된 은색 스포츠카의 운전석 문을 열며 여자를 맞이한다. 여자는 어리둥절해 서 있다. 중년 남자는 어서 타 보라고 여자에게 손짓한다. 그리고 여자의 남자 친구가 말한다.

"자기야, 어서 타 봐! 자기 차야."

하드탑이 오픈된 은색 스포츠카를 타고 인천공항 고속도로를 달리며 여자는 동화 속 주인공이 된 것만 같은 기분이다. 바람에 긴 머리카락이 흩날리는 것이 사이드 미러에 비친다. 꿈속에 있는 듯 모든 것이 느리게 움직이고 있다.

영화의 한 장면 같겠지만, 결혼 전 나와 남편의 이야기다. 우리는 영화처럼 사랑했다. 남편은 내게 스포츠카를 선물했다. 그것도 프러포즈하듯이 말이다. 벌써 15년이나 지난 그 날의 기억이 아직도 생생하다. 차를 몰고 고속도로를 달릴 때, 긴 머리카락이 바람에 날리던 느낌까지도 또렷하다. 그렇게 우리는 영화처럼 연애하고 동화처럼 결혼했다. 사는 게 그리 낭만적이지만은 않았지만, 어릴 때부터 동화 속 해피엔딩을 썩 믿지 않았던 나인지라 이 정도면 그럭저럭 행복하다 생각했다. 가끔 정말 불행하다고 느낄 때도 있었다. 그러나 곧 평화는 다시 찾아오고 나는 또 그렇게 살아갔다. 이렇게 삶의 굴곡을 넘기면서 사는 게 '행복하게 살았대요'에 다 포함된 거라 여겼다.

그러나 한동안 밖으로 돌던 남편에게 여자가 있었다는 것을 알게 된 후로, 내 이야기는 막장 드라마로 변질하였다. 우리 부부는, 그리고 우리 가족은 1년이 넘게 힘든 시간을 보냈다. 싸우고 화해하고 용서하고 다시 싸우기를 반복하며 1년을 살았다. 아무리 용서하려 해도 용서가 되지 않았다. 헛된 환영과 환상이 매일 나를 지옥으로 몰아붙였다. 어린 시절 아픔을 견디고 드디어 기적같이 왕자님을 만나 아이들 낳고 알콩달콩 사는 꿈을 이루었다고 생각했다. 남편 사업이 어려워서 힘들었던 시절도 있었지만, 열심히 견뎌서 이제는 제법 돈도 많이 버는데, 왜 하필 지금일까 싶었다. 겨우 잿더미를 벗어나 왕자와 결혼해서 단란하고 화목한 가정을 꾸렸는데…. 평강공주처럼 남편을 독려하고 내조해서 어려운 시기도 견뎌냈건만, 완벽한 행복 속에서 살고 있다고 믿었던 그때, 위기가 찾아왔다.

위기는 기회라는 말이 있다. 그 말을 이토록 뼈저리게 실감해 본 적이 없다. 세상이 다 무너져 내린 것만 같았던 그때, 나에게 엄청난 기회가 찾아왔다.

이혼을 결심했다

이혼을 결심했다. 사람은 한 번쯤 실수할 수 있다. 그런 실수는 너그러이 용서해 주어야겠지만, 용서가 절대 안 되는 일도 있다. 남자들은 얘기한다. 남자라면 한 번쯤 바람을 피우거나, 피우기를 꿈꾼다고. 남자는 씨를 뿌리고 싶어 하는 동물적 본능이 강해서 어쩔 수 없다고. 그래, 그렇다고 치자. 세상의 모든 남자가 다 그런다고 해도 내 남편은 아닐 거라 믿었다. 남편이 세상에 단 한 명뿐인 나의 반쪽이라고 생각했으니까. 아무리 용서하고, 이해하려고 노력해도 우리 집은 점점 전쟁터로 변해 갔다. 제일 큰 피해자는 당연히 아이들이었다. 어른인 나도 견디기 힘들었는데 아이들은 어떠했을까? 하지만 나는 엄마로서 그런 아이들을 헤아리지 못했다. 여유가 없었다. 나 하나

눈뜨고 있기도 버거웠다. 지칠 때까지 드라마만 보다가, 마시지도 못하는 술을 마셔대고 이내 잠들었다. 잠에서 깨면 또다시 악몽이 시작됐다. 커튼을 모두 닫은 채 낮과 밤을 잊고, 세상을 잊고 살았다. 15년의 결혼생활이 통째로 날아간 듯했다.

> 살다 보면 괜스레 외로운 날 너무도 많아
> 나도 한번 꿈같은 사랑 해 봤으면 좋겠네.
> 살다 보면 하루하루 힘든 일이 너무도 많아
> 가끔 어디 혼자서 훌쩍 떠났으면 좋겠네.
> 수많은 근심걱정 멀리 던져 버리고
> 언제나 자유롭게 아름답게 그렇게
> 내일은 오늘보다 나으리란 꿈으로 살지만
> 오늘도 맘껏 행복했으면 그랬으면 좋겠네.
> ― 권진원 '살다보면'

시간이 약이라는 말이 있다. 시간이 흘러감에 따라 영 아물 것 같지 않았던 상처도 조금씩 무뎌진다. 권진원의 노래 가사처럼 훌쩍 떠나고 싶었다. 그래서 떠나기로 했다. 타임머신을 타고 과거로 말이다. 나를 여기까지 오게 한 그때 그곳으로. 집에서 뛰쳐나오다 멈춰 선 건널목으로. 그 건널목에서 네 식구가 행복하게 타고 있던 차를 보고야 말았던 고등학생 때로.

삶은 굽이굽이 돌아서 처음 그 자리, 원점으로 되돌아오나 보다. 그때 기억을 잊고 싶다고 바랐던 때도 있었지만, 그래도 마음 한구석에 고이고이 모셔 둔 데에는 아마 이유가 있겠지. 난방도 잘 안 되던 월세방을 나오던 날, 나의 수중에는 얼마간의 돈이 있었다. 학교에 내야 하는 교납금이었다. 납부용 종이와 함께 어렵게 마련한 돈을 직접 학교에 내러 가던 참이었다. 야간 자율학습을 땡땡이 치고 친구들을 따라 록카페며 커피숍을 다니다 밤늦게야 들어온 그 날. 오빠는 평소보다 일찍 들어와 있었다. 삐거덕거리는 나무 대문을 열자마자 마주한 오빠의 얼굴은 그 어느 때보다도 무서웠다.

"너 이리와! 여태까지 어디 있다 온! 거! 야!"

하늘에서 천둥이 치는 듯했다. '우르르 쾅쾅!' 그리고는 곧 뺨으로, 머리로, 어깨로, 엉덩이로 닥치는 대로 세찬 빗줄기를 퍼부었다. 아픔을 느낄 새도 없이 나는 도망쳐야겠다고 생각했다. 어디로 갈지 생각할 겨를도 없이 그저 나무 대문을 박차고 어두운 골목으로 뛰었다. 나를 뒤따라오는 오빠의 발소리와 목소리가 들렸다. 끝도 없는 좁고 어두운 골목을 달리면서도 순간순간 지나치는 동네 친구들의 집 대문을 돌아봤다. 다시는 볼 수 없을 것 같았다.

"희숙아 안녕! 순희도 안녕!"

영화 속에 나오는 슬로우모션 장면은 기계 조작으로만 가능한 게 아니란 걸 알게 됐다. 그날 필사적으로 달리고 달리면서도 친구 집 대문을 향해 인사할 때, 나의 뜀에는 분명 슬로우모션이 걸려 있었으니까.

집 앞 건널목에 빨간 신호가 켜졌다. 나는 초조한 마음으로 내 앞을 빠르게 지나쳐 가는 자동차들을 바라봤다. 가로등 밑에서 신호가 바뀌기만을 기다렸다. 이윽고 초록색 신호가 들어오고 횡단보도에 발을 내딛으려는데 갑자기 내 앞에 회색 자동차가 멈춰 섰다. '끼익!' 차는 신호를 미처 보지 못하고 오다 길을 건너려는 나를 보고 급하게 선 듯했다. 운전석의 남자와 눈이 마주쳤다. 나에게 미안하다고 눈인사를, 목 인사를, 손 인사를 했다. 옆자리에는 남자의 아내인 것 같은 여자가 타고 있었고 뒷자리에는 초등학생으로 보이는 여자아이와 남자아이가 타고 있었다. 모두 놀란 표정이었다. 하지만 곧 다시 행복한 웃음을 지었다. 참 부러웠다. 꽁꽁 언 손에 입김을 불며 창문 너머 행복한 가족의 저녁 식탁을 바라보던 성냥팔이 소녀처럼. 그날부터 그 차 안에서 본 가족들처럼 되는 게 나의 꿈이 되었다.

아무에게도, 하물며 친구한테도 연락하지 않았다. 오빠가 친구들의 부모님과 연결되어 있어서 나의 가출로 친구들이 곤란해질 수 있었다. 어두운 밤거리를 걸어 기차역으로 향했다. 갈 곳을 정하진 않았다. 수중에 돈이 있었고, 그 돈이 비록 잠깐이겠지만, 내가 안전한 곳에서 지낼 수 있게 해 주리라는 걸 알았기 때문이었다. 어디든 가자. 그곳이 어디라도 좋으니 이 지옥을 탈출하자. 기차역에 도착해 표를 샀다. 기차를 기다리며 조그만 분식집에서 라면을 사 먹었다. 식당에서 혼자 밥을 먹은 건 그때가 처음이었다. 얼마나 맛이 없고 목이 메던지, 혼자 먹는 밥이라 그랬던 건지 아니면 그때의 상황 때문이었는지는 알 수 없다. 그때의 그 처절한 밥상의 기억 때문에 나는 여태껏 혼자 밥을 사 먹지 않는다.

기차를 탔다.
기차를 타고 가고, 가고, 가서
갈아타고 또 가고 갔다.
나는 목적지가 없기에
길고 긴 기차를 타고
길고 긴 철길을 따라, 따라
길고 긴 터널을 지나
정처 없이 가야만 한다.
치기직 치기직 밤을 달리고 낮을 달려서
꿈같은 곳으로 가야 한다.

종착역은 부산이었다. 왜 이곳에 왔을까? 빚쟁이들을 피해 얼마 전까지 엄마가 살던 곳, 그래서 왔나 보다. 그러나 엄마는 부산에 없었다. 버스를 타고 예전에 엄마가 살았던 동네를 돌았다. 버스는 사하구 산동네 언덕길을 오르고 올라 골목길을 돌았다. 버스 창밖으로 내려다보이는 집들의 불빛이 산자락을 따라 크리스마스트리처럼 반짝였다. 예쁘다 정말. 그 따뜻함이 예쁘다. 그러나 어디로 가야 하나 나는…. 창문에 머리를 기대고 눈을 감았다. 버스가 종착지를 찍고 돌아 밤새도록 달리기를 빌었다.

어느새인가 바다가 보였다. 그냥 '내려 볼까?' 그리고 '바다를 하염없이 바라볼까?' 그런 생각에 광안리 바닷가에 내렸다. 나는 천천히 모래사장을 걸었다. 먹이를 고대하는 갈매기 떼가 북적였다. 술 취한 젊은이, 관광객들로 붐비는 해변, 사람들 틈으로 나는 마치 그림자처럼 걷고 또 걸었다. 바닷가에 앉아서 시커먼 바다, 그리고 하얀 파도 거품을 멍하니 바라보았다. 그리고 또 걸었다. 북적이던 사람들이 하나둘 어디론가 가버리고 밤바다엔 그저 취객 몇 명만 남아 있을 때까지. 싸늘한 온도, 나를 위협하는 취객, 나는 또 어디론가 가야 했다. 나는 근처에 허름하고 지저분한 싸구려 여인숙에 들어갔다. 주인아주머니는 내 나이도 묻지 않았다. 그저 계산을 하고 호수를 말해 주며 낡은 열쇠를 건네줄 뿐이었다. 방은 잠을 자는 곳이라고 하기엔 너무 더럽고 이상한 구조였다. 누군가의 체취가 그대로 묻어 있는 이불 속을 비집고 들어갔다. 바닥은 그래도 따뜻했다. 늦은 가을 밤바다에서 빼앗긴 체온을 되찾기에 충분할 만큼. 베개를 베고 이불을 덮었다. 이제 또 여행을 할 차례. 감은 눈 속에 세상이 빙그르르 돌았다. 또다시 나는 떠난다.

홧김에 단행한 가출은 얼마 가지 못했다. 갈 곳이 없었다. 며칠 부산을 떠돌다 집으로 돌아갔다. 오빠가 있던 집은 아니었다. 엄마와 살게 됐다. 대학을 졸업하고 직장에 다니고, 장사를 했다. 그리고 지금의 남편을 만나 연애하고 결혼도 했다. 아이들을 낳았고 따듯한 가정을 이루었다. 가출하던 날 건널목에서 보았던 차 안, 행복해 보이던 그 가족들처럼 되는 게 지금껏 나의 꿈이자 목표였다. 꿈을 거의 다 이루었다고 생각했는데 허상이었다. 그러니 나는 다시 그때로 돌아가야 했다. 뭔가 잘못되었다.

글 쓰는 사람이 되겠다는 결심을 본격적으로 행동으로 옮긴 것은, 내 인생이 최대 위기에 처했을 때였다. 도대체 나만 왜 이렇게 불행한 건지 알 도리가 없었다. 풍족하진 않아도 주위 사람들은 그럭저럭 평탄하게 지내고 있는 것 같았다. 유독 나만 불행하고 별스레 일이 많았다. 어린 시절 아픔이야 누구에게나 있을 법한 과거라고 하자. 하지만 지금 내 삶. 유독 우리 부부만이 뭐 그렇게 대단한 사랑을 하는 건지. 연중행사도 아니고, 1년에 한 번은 이혼하겠다며 가족들에게 선포했고 또 화해했다. 우리 일로 걱정하고 염려했을 가족들에게 무안할 만도 한데, 우리 부부는 언제 그랬냐는 듯 깨소금을 볶아댔다. 싸울 때는 정말 세상에 이런 철천지원수가 또 없다.

"그래, 이혼해. 내가 그렇게 끔찍한데 어떻게 살았어?"
"당신 좋아하는 그런 여자 만나서 살아."
"그래, 좋아. 어차피 딸들은 엄마가 키워야 하니까, 집이랑 상가 가져가서 애들 똑바로 키워."
"그래! 애들이고 재산이고 당신이 다 갖든 말든 상관없어. 난 당신만 없으면 되니까."

우리의 싸움은 대충 이런 대화들로 끝났다. 우리는 구두로 양육권에 재산 정리까지 다 끝내곤 했다. 돌아보면 이혼하는 마당에 서로 아이들을 키우겠다고 재산을 갖겠다고 아웅다웅 싸우진 않는다. 곧 우리는 흐지부지 화해했고 얼마 못 가 또 싸웠다. '부부는 원래 이런 건가? 누구나 그럭저럭 사는 걸까?' 싸움도 지치고 아웅다웅도 힘에 부치던 참에, 내 인생이 이렇게 변화무쌍하고 기복이 심각한 데에는 분명히 이유가 있을 거란 생각이 들었다. 어릴 적부터 책을 좋아했고, 책 쓰는 작가를 동경했다. 힘든 시간을 보내며 노트에 쓰다만 글 토막들은 많았지만, 차마 용기가 나지 않았다. 싸쥐고 있는 나 자신이 한없이 초라하고 바보 같아 싫었다.

"죽음이 오기 전까지 삶을 견디고 살아야만 했다. 그에게는 모든 것이 어둠에 휩싸인 듯 보였다. 하지만 바로 이 어둠 덕분에 그는 자신의 일이 어둠을 헤쳐나갈 유일한 실마리라고 느끼고 온 힘을 다해 이를 붙잡고 매달렸다."

— 톨스토이 『안나 까레리나』

'그래! 결심했어. 집을 나오던 날, 내가 탄 기차의 종착역이 지금 여기 '이혼'이라면 담담히 받아들이자.' 나 혼자 남편 도움 없이 아이들 잘 키우고 살려면 나만의 능력이 필요했다. 이혼의 상처를 딛고 아이들과 행복하게 살아야 했다. 그냥 돈만 버는 것이 아니라 경제적으로도 사회적으로도 성공해야 했다. 지금껏 경험하고 배운 것만으로는 부족했다. 돈을 번다고 아이들을 방치할 수는 없었다. 여러 가지 생각을 했다. 아이들과 항상 함께할 수 있는 직업. 돈만 버는 것이 아니고 사회적으로 인정받고 존경받는 직업. 그래, 작가가 되자. 어릴 때부터 꿈꿨지만, 그저 꿈으로만 남겨 뒀던 직업. 벼랑 끝에서 닿을 수 없을 것 같았던 끈이 희미하게 보였다. 구체적인 계획과 보다 체계적인 교육이 필요했다.

커트 코베인이 나에게 말한다.

"태양이 사라졌다고 생각하는 순간, 한 줄기 빛이 내게 비췄다."

인터넷을 열심히 뒤졌다. 글쓰기 강좌, 학교, 교습소를 검색했다. 그리고 '책인사'라는 곳을 찾아냈다. 1일 강의도 있고 1:1 컨설팅도 있었다. 나는 '책인사'의 프로그램 중에 극한 '실전반'이라는 7주 프로그램에 등록하고 본격적으로 글쓰기를 배우기 시작했다. 이혼하기 위해서였다. 정말 태양이 사라졌다고 생각하는 순간에 기적처럼 한 줄기 빛이 내게 비춰지고 있었다.

『화성 연대기』와 『화씨 451』로 명성을 얻은 미국 소설가 레이 브래드버리는 "늘 우리는 벼랑에서 뛰어내려야 하는 순간을 맞는다. 무조건 뛰어라. 떨어지는 동안에 날개를 만들면 된다."라고 말했다. 벼랑 끝에서 나는 알았다. 나에게 날개가 있다는 것을….

72   ——————— 마흔 넘은 여자는 무슨 재미로 살까?

입간판
"사랑합니다"

내가 글쓰기를 처음 배운 '책인사' 입구에는 "사랑합니다"라고 쓴 커다란 입간판이 있다. 보통 입간판은 음식점의 메뉴나 가게 홍보용 문구를 써 붙여 놓는 게 대다수다. 그러나 책인사에 들어가려면 "사랑합니다"라고 쓰여 있는 큰 간판을 지나쳐야 한다. 그것이 가게의 이름은 아니다. 그냥 말 그대로 입간판이다. 사랑을 홍보하는 입간판.

사실 이 입간판을 볼 때마다 나는 '운명'이라는 피할 수 없는 파도와 맞닥뜨린다.

내가 '책인사'를 처음 찾아갔던 날이 떠오른다. 모처럼 정신을 차리고 샤워를 했다. 퉁퉁 부은 얼굴에 화장을 하고 정성

들여 머리를 했다. 한동안 '똥' 모양에서 헤어 나오지 못했던 머리카락들이 자유를 노래했다. 조금 더 어려 보이고 싶은 마음에 가장 아끼는 청바지와 제일 좋아하는 레이스 달린 실크 블라우스를 꺼내 입었다. 내비게이션의 안내에 따라 '책인사'의 코치님이 보내 준 주소에 도착했다. 그러나 아무리 찾아도 '책인사'는 보이지 않았다. 나는 차에서 내려 주위를 살폈다. 그리고 다시 코치님께 전화했다.

"여보세요? 코치님께서 알려 주신 주소로 왔는데, 찾을 수가 없어서요."

"아, 그래요? 혹시 '사랑합니다'라고 쓰여 있는 간판 안 보이시나요? 1층에 '에클레시아'라는 카페가 있는데…."

'에클레시아'라는 카페 이름을 듣는 순간 세상은 멈추어 버렸다.

남편과 나는 한동안 어려운 시절을 보냈다. 서브프라임이라는 대공황은 우리나라 부동산 경기에 거센 폭풍을 몰고 왔다. 그 당시 잘 나가던 남편의 사업은 사무실을 확장한 상태였고, 우리는 새집으로 이사해 행복한 꿈을 꾸고 있었다. 세계적인 경제 공황의 쓰나미는 동네 부동산인 남편의 사무실까지 영향을 미쳤다. 남편은 두 사무실을 모두 문 닫아야 했고, 함께 일했던 직원들도 모두 떠났다. 남편은 백수 신세가 되었다. 남편에게는 오래 알고 지낸 형님이 한 분 계셨다. 그분을 통해 우리 부부는 '다락방'이라는 예배 모임에 참석하게 되었다. 하나님을 만나고, 경제적으로 어려운 시절을 가족 간의 사랑으로 이겨내고 있었다. 예배 모임은 매주 그 형님께서 만드신 작은 예배 공간에서 가졌다. '에클레시아'라는 간판을 달고 있는 그 예배 공간에도 커다란 입간판이 있었다.

"사랑합니다"

그 시절 우리는 시어머니와 함께 살았는데, 처음 마음과는 달리 어려운 점이 많았다. 나와는 너무나 다른 시어머니와의 갈등은 점점 심해졌다. 그리고 그 여파는 남편에게 고스란히 돌아갔다. 돌아보면 참 안타까운 일이었지만, 그때로써는 어쩔 수 없었다고 말해야만 할 것 같다. 고부간의 갈등은 점점 심해져 결혼 생활을 이어 갈 수 없을 지경까지 가 버렸다. 지금 생각하면 정말 부끄러운 일이지만, 나는 그때 시어머니가 너무 미워서 이렇게 기도를 했었다.

"하나님! 혹시 저희 시어머니를 천국으로 좀 데려가시면 안 되나요?"라고 말이다. 말이 좋아 천국이지, 실상은 시어머니 죽게 해 달라고 기도한 것이다. 이제 와 이런 부끄러운 고백을 하는 건, 이제라도 용서를 빌고 싶기 때문이다.

얼마 전, 시어머니께서 내게 전화를 하셨다. 힘이 하나도 없는 목소리였다. 많이 아프신 모양이었다. 약이랑 전복죽을 사 들고 가 보니, 어머니는 홀로 방에 누워 계셨다. 시어머니 연세가 벌써 85세였다. 100세 시대라고는 하지만, 겉으로 보기에도 이제는 호호할머니가 되어 버리셨다. 그 모습을 보고 있자니 마음이 아팠다. 그렇게 아옹다옹 싸우면서 정이라도 들었나? 세상에 미운 정이 무섭다더니, 혹시 하는 마음에 덜컥 겁이 났다. 그리고 지난날의 내 잘못이 생각났다. 애써 변명하고 있었지만, 미워했던 마음은 나의 잘못이었다.

"엄마. 죄송해요. 용서해 주세요. 감사해요. 그리고 사랑해요."

책을 써 가다 보니 느껴지는 감정이 있다. 바로 '사랑'이다. 처음 책을 쓰기를 마음먹은 건 조금은 변변찮은 이유 때문이었다. 추억처럼 돌아보니 그 모두가 사랑의 마음이었다. 남편과 이혼을 결심하고, 작가가 되어 아이들과 잘 먹고 잘살아 보려 시작했다. 그것도 아이들에 대한 나의 지극한 사랑에서였다. 한시도 아이들 곁을 떠나고 싶지 않은 마음에 집에 콕 처박혀 할 수 있는 일을 택했다. 책을 쓰기 시작하면서 내면에도 많은 변화가 일어났다. 강의를 듣고, 책을 읽고, 글을 쓰면서 나라는 사람이 바뀌어 갔다. 그렇게 밉던 남편이 서서히 용서되었다. 그리고 인간적으로 이해도 되었다. 급기야 안 되었다는 생각까지 들었다. 그리고 진심으로 사랑하는 방법을 배워 갔다. 그리고 이제는 용기 내어 말할 수 있다.

"여보 미안해. 바보 같은 나를 용서해 줘요. 고맙고. 사랑해."

언젠가 동료 작가님에게 책에 쓴 이야기를 가지고 하소연을 했다. 남편이 바람피운 이야기를 괜히 쓴 것 같다는 이야기였다. 동네 엄마들도 그렇고 남편 지인에게도, 아이들에게도 상처 주는 게 아닌가 하는 걱정 때문이었다. 나의 고민에 동료 작가님이 명쾌한 답을 주셨다.

"작가님 글 읽고 그분들은 아마, '겉보기엔 걱정 하나 없을 것 같더니, 이런 힘든 일이 있었네' 하고 생각했을 거예요. 더러는 '나한테만 이런 일이 있는 건 아닌가 봐' 하고 위로받은 아줌마들도 많을 테고요. 그런 일들은 다 말 못 하고 가슴에만 묻고 사니까요!"

정말 그렇다. 나도 그럴 뻔했으니까. 그러고 보니 그렇게 가슴에 상처를 안고 사는 여자들이 안타까웠다. 그리고 그것도 다 사랑이었다. 하나님은 "사랑은 허다한 죄를 덮는다."라고 말씀하셨다. 사랑은 모든 아픔을 포용하고 모든 슬픔을 이긴다. 새롭게 인도된 공간을 찾을 때마다 보였던 "사랑합니다"라는 입간판처럼, 모든 해답은 사랑이었다.

나의 감추고 싶은 치부를
이곳에 밝히는 이유

"엄마! 엄마는 동성연애를 어떻게 생각해?"

뜬금없는 큰딸의 질문이었다. 아이는 평소 트위터에서 글을 읽고 사회 전반의 문제에 관해 나에게 묻곤 했다. 질문에서 사회적 약자인 동성애자에게 힘을 실어 주고픈 아이의 마음이 느껴졌다. 나는 동성연애에 관한 확고한 생각이 있었다. 그러나 아이에게 어찌 설명해야 할지 엄두가 나지 않았다.

예전에 다니던 교회에서 '동성연애'에 관한 설교를 들은 적 있다. 동성연애를 정당화하고 합법화하는 사회적 움직임을 비판하는 내용이었다. 얼마 전 서울의 한 광장에서 있었던 동성애자들의 거리 시위가 화두가 되었다. 나는 동성연애를 옹호하지는 않는다. 그러나 '내가 그들을 비난할 자격이 있을까?' 그런 마음이 들어 설교를 듣는 내내 불편했다. 목사님도 이해한다. 그도 하나님 앞에 죄 많은 인간일 뿐, 완벽하진 않기 때문이다. 갑자기 속이 메슥거려 설교가 끝나기도 전에 예배당을 나왔던 것으로 기억한다. 목사님과 다른 의견을 갖고 있다거나 화가 나서 그런 건 아니다. 단지 서운했던 것 같다. 그들은 무분별한 비판이나 정죄보다는 이해와 따듯한 사랑이 필요했을 것이다.

어렴풋이 기억나는 꼬마 시절, 우리 엄마는 미용실을 하셨다. 나는 미용실 손님 중에서도 예쁜 언니들의 사랑을 많이 받았다. 항상 여기저기에 안겨 있었던 기억이 난다. 바쁜 엄마를 대신해 언니들은 나와 놀아 주고, 밥도 먹여 주고, 잠도 재워 주었다. 늘 누군가의 사랑에 목말랐던 나에게 언니들은 그야말로 천사였다. 미용실은 늘 사람들로 북적였다. 바쁜 엄마의 관심을 끌고 싶어서였는지, 아니면 어린 나이의 호기심이었는지는 알 수 없지만, 나는 엄마의 파란 금고에서 자주 돈을 훔쳤다. 금고에는 보랏빛 지폐가 넘쳐났다. 어린 내가 듬뿍 집어 가

——————— 마흔 넘은 여자는 무슨 재미로 살까?

도 티도 안 났다. 나는 도둑질해 주머니를 두둑이 채우고 먼 길을 걸어 당시 최신식 쇼핑상가에 있는 장난감 가게에 갔다. 가게에는 주인인 듯 보이는 아저씨가 계셨다. 아저씨에게 학교에도 안 간 내가 대뜸 이렇게 말했다.

"아저씨 저기 분홍색 드레스 입은 인형이랑 인형 침대, 그리고…. 아! 저기 저 냉장고도 주세요."

마치 미용실에 오는 언니들 흉내 내듯 머리를 치켜 뽐내며 능숙하게 쇼핑을 했다. 당시 아저씨가 특별히 의심하지는 않았던 것 같다. 지금 생각해 보면, 그 시절엔 어린아이가 가지고 다니기엔 큰돈이었고, 어른도 없이 혼자서 물건을 사러 온 내가 이상했을 법도 한데 말이다. 장난감을 잔뜩 사 들고 집에 돌아와서는 당당히 미용실 한쪽 쪽방에 죽 늘어놓고 놀았다. 그렇게 인형에, 인형 친구에, 인형 남자 친구가 생기고, 옷장, 화장대, 냉장고, 귀여운 변기까지…. 인형 살림살이의 풀세트가 구성되었다. 슈퍼마켓, 미용실 그리고 병원 놀이…. 없는 거 빼곤 다 있는 장난감 세상이 만들어졌다. 그렇게 도둑질에 이어 지름신의 노예가 되어 갈 때쯤인가 불현듯 아이는 그 일을 그만두었다. 뭐라 하는 사람도 없고 방이 늘어가는 장난감으로 가득 차오름에도 불구하고 마음 한구석에 조금씩 양심의 가책인지, 찔림인지 모를 불편함과 죄스러움이 커져 갔기 때문이었다.

어린 나이에 도둑질의 매력에 한동안 빠져 살았다. 아무 대가 없이 다른 사람의 것을 내 것으로 만드는 건 일종의 쾌락이었다. 아무도 나를 탓하거나 벌하지 않았다. 그렇게 늪에 깊숙이 빠져들었다. 하지만, 그리 오래 가진 않았다. 가슴속 깊은 곳에서 이런 목소리가 들렸다. '그렇게 엄마 돈을 훔치는 너의 모습은 정말 아름답지 않아.' 하고. 어렸지만, 나는 알고 있었다. 그런 행동은 좋지 못하다는 것을. 그리고 그런 행동을 하며 웃고 있는 자신이 멋지지 않다는 것을 말이다. 나 스스로 나의 추악함을 알게 된 후, 엄마의 금고에서 돈 훔치는 일을 그만두었다. 그리고 그 이후로 지금까지, 내 것이 아니면 절대 몰래 가지지 않았다. 내 양심과 맞바꾸기엔 그 어떤 물건도 그만한 값어치가 없다는 걸 알았다. 난 누구보다 스스로에게 아름다운 사람이고 싶었다.

『현대 사회의 범죄학』에서 저자 허경미는 재산 범죄 즉, 남의 물건을 훔치는 이유를 '상대적 박탈감'과 '경제적 풍요에서 오는 상대적 박탈감'이라는 상충하는 두 학자의 주장을 예로 들어 설명했다. 그리고 범죄의 심리뿐만 아니라 범죄의 수사, 재판, 형벌과 교정의 사회적 제도에 관해서도 소개하였다. 그러나 그런 사회적 제도에도 불구하고 범죄자가 합당한 처벌을 받지 않는 경우가 다반사였다. 처벌을 받더라도 이미 범죄에 빠져들어 악순환을 반복하기도 했다. 내면의 치유와 깨달음이 동반되지 않는 사회적 제도는 별반 효과가 없어 보였다.

몸은 다 자라 어른이었지만, 마음은 아직 아이였던 시절이 있었다. 젊고 철없던 그때 나는 그만 씻을 수 없는 죄를 짓고 말았다. 결혼 전 부주의로 혼전 임신을 했다. 그리고 낙태를 했다. 생명의 소중함이라든지, 책임감이라든지 그런 멋진 단어는 우리가 살아가는 현실 세계와 상당히 거리가 있었다. 적어도 내가 있던 세상과는 말이다. 나는 마취에서 깨어나 병원을 나설 때 알았던 것 같다. 하늘이 얼마나 흐린지, 세상이 얼마나 어둡고 차가운지. 그리고 씻을 수 없는 죄를 지었다는 사실을 말이다. 그리고 그 일은 오래도록 마음 한구석에 어둡고 단단한 얼음덩이로 남아 있었다.

뉴스에서 어느 연쇄 살인마의 이야기가 나온다. 연쇄 살인마는 너무도 흉악하고 악마 같은 얼굴을 하고 있다. 나는 그들이 두렵고 싫지만, 가슴 한쪽에 있는 돌덩이가 시리다. 그들을 마음 놓고 비난할 수 없다. 이렇게 글을 쓰는 순간에도 나는 두렵다. 내 이마에 주홍글씨를 새기고 있는 것은 아닌지 하고. 그러나 시간이 갈수록, 더 나은 삶을 살고자 하는 욕망이 커질수록 내 마음 깊숙한 곳의 돌덩이는 더욱 한기를 내뿜는다. 이제는 돌덩이를 꺼내 던져 버려야 한다.

그때 나의 상황과 세상의 이목, 그리고 무지를 변명할 생각은 없다. 그러나 나의 이런 참회와 반성은 헛되지 않으리라 믿는다. 낙태는 살인이며, 범죄라고 낙인찍으면서도, 홀로 아이를 낳아 키워야 하는 어린 여자에게는 혹독한 세상이다. 나는 세상의 고정관념을 바꾸고 싶다. 아직도 남자들의 문란한 성생활이 옹호되다 못해 자랑거리까지 되는 사회문화에서, 여자는 정조를 강요당하는, 이상한 수요와 공급의 법칙. 그 모순을 깨달아야 한다. 법과 제도 이전에 따뜻한 사랑이 필요하다. 사랑 없

——————— 마흔 넘은 여자는 무슨 재미로 살까?

이 우리는 범죄와의 전쟁에서 매번 처참히 패배할 것이기 때문이다.

나는 그 누구도 비난할 자격이 없다. 그러기에 그 누구에게나 용기를 줄 수 있다. 그 어떤 죗값이 아닌, 스스로에 대한 죗값을 치르고 나면 새로 태어날 수 있다고 말이다. 내가 이렇게 나의 감추고 싶은 치부를 이곳에 밝히는 이유는 단 하나이다. 혹시 자신의 과거가 당신의 발목을 잡는다면, 과감하게 뿌리치길 바라는 마음에서다. 과거는 그저 과거일 뿐 나의 미래에는 아무런 영향력이 없다. 다만, 과거를 반성하고 스스로 죗값을 치렀을 때는 미래에 눈 부신 빛이 비칠 것이다.

"민서야, 엄마 생각은 이런 거야. 물론 엄마는 동성연애를 옹호하거나 지지하지는 않아. 그러나 나랑 다르다고 무조건 비판하고 싶지도 않아. 예전에 엄마한테는 정말 친한 여자 친구가 있었어. 어느 날 그 애에게 애인이 생겼는데, 엄청나게 질투가 나더라. 그때 생각했지. '아, 이런 감정이 잘못 발전하면 자칫 동성애가 되겠구나' 하고 말이야. 하지만 이해하는 거랑 인정하는 거랑은 조금 다른 거야. 할 수 있는 행동과 하면 안 되는 행동은 분명히 구분해야 하지. 가령 실수로, 그리고 무지로 하면 안 되는 일을 했다고 해도 우리는 그들을 비난하고 정죄해서는 안 돼. 오히려 사랑으로 이해하고 그들이 스스로 잘못을 깨닫고 돌아오기를 기도해 줘야 한단다. 우리는 그들을 비난하지도 그렇다고 옹호하지도 말아야 해. 단지 사랑이 필요할 뿐이야."

———————

06

그냥 이혼하지
않기로 했다

기원전 4세기, 철학자 플라톤은 『향연』에서 "사랑은 완전함에 대한 욕망이자 추구"라고 했다. 나에게도 사랑은 '완벽함'이었다. 행복하지 못한 가정환경에서 어린 시절을 보냈지만, 성인이 되어 운명적으로 나의 반쪽을 만났고 동화 같은 사랑을 했다. 결혼도 하고 아이도 낳고, 그렇게 모든 게 완벽할 줄 알았다.

어느 날 우연히 들은 남편 전화기의 음성 파일에는 내가 아닌 다른 여자에게 "내 사랑…." 하고 다정히 말하는 남편의 목소리가 담겨 있었다. 심장이 '확' 쪼그라드는 소리를 들었다. 완벽했던 나의 사랑은 싸구려 와인잔처럼 깨져 버렸다.

연세대 의대 전 정신과 교수였던 이홍식 교수님의 저서에서 '꼬마 알버트를 대상으로 한 왓슨의 실험'에 관해 읽은 적이 있다. 실험은 11개월 된 꼬마 알버트에게 실험용 흰 쥐를 주며 시작된다. 처음에 알버트는 흰 쥐를 만져 보며 좋아했다. 그러나 흰 쥐를 만질 때마다 망치로 철사 막대기를 두드리는 소리를 반복해서 들려주었더니, 나중에는 흰 쥐를 보기만 해도 공포를 느끼며 자지러졌다. 그리고 그 공포의 대상은 흰 개, 고양이, 모피코트, 목화솜, 그리고 산타클로스 할아버지의 흰 수염에까지 확대되었다. 이것은 한 번 일어난 일을 크게 받아들여서 같은 일이 반복될 것이라고 '일반화' 하는 사람들의 대표적인 유형이라고 한다.

한 번의 실수를 일반화하고, 앞으로도 계속 그런 행동을 할 것이라는 불신 때문에 나는 몹시 힘들어하고 있었다. 온종일 남편의 일거수일투족을 감시하고, 남편이 집에 돌아오면 남편의 핸드폰과 지갑, 옷 등을 뒤지느라 밤을 꼬박 새웠다. 밥도 제대로 먹을 수 없었고, 잠도 자지 못했다. 나는 아무것도 아닌 것들을 붙들고 자지러지듯 화를 냈다. 흰 것들만 보면 발작하는 11개월 꼬마 알버트가 되어 가고 있었다.

다시 원점으로 돌아가야 했다. 와해된 가정에서 도망쳐 나왔지만, 결국 와해될 것만 같은 가정으로 밀려왔다. 내가 떠나온 그 지점으로 돌아가지 않으면, 똑같은 아픔을 사랑하는 우리 아이들에게 대물림하게 되리라. 그렇게 벼랑으로 내몰렸다. 잊고 싶었던 어린 시절로 돌아가는 건 정말 힘든 일이었다. 가슴 한구석에 아직도 피가 뚝뚝 흐르는 상처를 외면하고 살았다. 그러나 이제는 치료해야 했다. 홀로 서야만 했다. 나는 벼랑 끝에서 살기 위해 필사적으로 꿈에 매달렸다. 그 절실함에서 작가로 사는 삶이 시작되었다. 글을 쓴다는 핑계로 나는 미친 듯이 책을 읽었다.

『행복한 이기주의자』의 저자 웨인 다이어는 이렇게 말한다.

"나는 독특하다. 또한 상대도 독특하다. 그런데 사랑하는 사람들이 나에게 순응하게 되면 그들 나름의 독특함을 잃게 된다. 내가 그들을 좋아했던 이유는 그들에게 남다른 구석이 있었기 때문이다. 이제 논리가 맞아떨어지기 시작한다. 자신을 사랑하는 일을 잘하게 되면 어느새 다른 사람들을 사랑할 줄 알게 된다."

젊고 예뻤을 때, 나는 나를 따라다니며 내가 시키는 대로 다 하는 유형의 남자에게는 흥미가 없었다. 나에게 잘해 줘서 잠깐 만나기는 했어도 오래 가지 않았다. 지금의 남편도 나에게 잘해 주긴 했지만, 나와는 다른 무언가 독특한 점이 있었다. 그렇게 남편을 선택했고 결혼했건만, 지금껏 남편과 싸운 건 내가 원하는 대로 하지 않는 남편이 못마땅해서였다. "당신이 아닌 모습으로 사랑받는 것보다 당신 모습 그대로 미움받는 편이 낫다."라고 말한 프랑스 소설가 앙드레 지드의 말에 공감하는 걸 보면 나란 여자는 모순덩어리였다. 내 마음대로 안 되는 남자에게 끌려 결혼해 놓고 지금껏 살면서, 그 남자가 내 맘대로 안 된다고 지지고 볶고 싸웠으니 말이다. 나는 독특하다. 그리고 나와 아주 다른 독특한 남자와 사랑에 빠졌다. 그러나 우리는 서로의 독특함을 참기 힘들어 싸운다. 그렇게 싸우고 화해하기를 반복하며 지겹도록 붙어산다. 그 흔한 주말부부도 해 본 적이 없다. 서로의 독특함을 포기하고 상대에게 순전히 맞춘다면, 우리는 진정 이별을 맞이할 수도 있다.

지금까지는 나 자신을 사랑하지 못했다. 내가 얼마나 멋진 인간이지 인식하지 못한 상태였다. 남편에게 맛있는 밥을 차려 준다던가 옷을 챙겨주고 여러 가지 잡다한 것들을 해결해 주었다고 하자. 예전에는, 남편의 말과 반응에 예민했다. 고맙다고 하거나 칭찬을 해 주면 으쓱하여 나 자신이 아내로서 인정받고 사랑받고 있다 생각했다. 그저 그런 반응이거나, 오히려 핀잔이나 잘못을 지적받기라도 하면 화가 나서 으르렁거리고 슬퍼했다. 그리고 상처를 받았다. 상대의 반응으로 나를 평가했던 것이 문제였다.

책 머니건 『연애수업』의 글을 곱씹어 본다.

"나는 인간으로서 내가 얼마나 주목받기를 원하는지 깨닫곤 하는데, 내가 얻은 신뢰와 삶의 다양한 분야에서 거둬 온 성공에도 불구하고 내 자아의 많은 부분이 그저 여전히 다른 사람들이 나를 좋아해 주는 걸로 위안을 얻고 싶어 한다는 사실을 인식하는 데 꽤 오랜 시간이 걸렸다. (…) 유혹은 남자에게나 여자에게나 누군가 우리를 원한다는 느낌을, 그녀가 우리를 지지하고 있으며 우리가 그녀에게 영향을 미칠 거라는 느낌을 준다."

남자란, 인간이란, 어쩔 수 없이 다른 사람에게 좋은 평가를 받을 때, 주목받을 때, 새로운 이성을 유혹하고 그 이성이 자신을 원한다고 생각될 때만 자신의 존재 가치를 느낄 수 있는 걸까?

나는, 아직 끝내지 못한 숙제를 하고 있다. 남편의 외도를, 단순히 끝나 버린 관계나 가정 파탄의 관점에서 벗어나 이해하려고 노력 중이다. 책을 쓰면서 각 장의 주제와 연관된 책을 읽고 있으니 어쩜 그에 관한 공부나 연구라고 해도 무방하겠다. 이와 같은 삶에 관한 연구가 나에겐 우주개발이나 유전자 연구보다도 절실하다.

새벽에 들어온 남편을 위해 밥을 짓고, 계란 프라이를 하고, 곰국을 데웠다. 새벽 2시 반인데 말이다. 예전의 나에겐 말도 안 되는 일이다. 이 새벽에 들어온 남편을 위해 밥을 차린다는 건 있을 수 없는 일이었다. 오히려 이 시각에 들어온 남편을 방 한구석에 몰아넣고 바가지를 긁는 게 더 자연스럽다면 자연스러울 것이다. 하지만 지금은 새로 담근 갓김치를 먹으며 연달아 "김치 맛있다."라고 말하는 남편이 좀 귀엽다. 꼭 밥 차려 준 엄마에게 "맛있어요."라고 말하는 어린아이 같다. 저렇게 맛있게 먹는 걸 그동안은 늦게 들어왔다고 차려 주지 않았다. 덩달아 함께 앉아서 밥을 먹으며 그간의 이야기를 나눴다. 남편의 말이 가슴에 와닿았다.

"그렇게 된 건 다 당신이 날 만나려고 그런 거지. 모두 정해져 있던 일인 거야."

그래. 모든 일에는 다 이유가 있겠지. 남편은 참 나와 다른 사람이다. 난 늘 가던 음식점을 좋아하고, 남편은 언제나 새로운 집을 찾아다닌다. 그렇게 우리는 완전히 다른 사람이다. 나 자신을 사랑하기 시작하면서, 내 모든 생활이 변했다. 나를 제일 사랑하고자 마음먹은 그 순간부터, 내가 아닌 그를 이해할 수 있게 되었다.

『젊은 시인에게 보내는 편지』에서 릴케는 이렇게 말했다.

"결혼의 의미는 즉시 모든 경계를 허물어서 완전한 공동생활을 하는 것이 아닙니다. 반대로 훌륭한 결혼생활은 배우자의 개인 생활을 존중하고 지켜 줌으로써 상대방에 대한 확고한 믿음을 보여 주는 것입니다. 두 사람의 동화는 불가능합니다. 간혹 둘이 동화된 듯 보이는 것은 배우자의 완벽한 자유와 발전을 박탈하는 데 두 사람이 합의한 것일 뿐입니다. 하지만 가장 가까운 부부 사이에도 건널 수 없는 강과 같은 거리가 존재한다는 것을 깨닫고, 두 사람 사이의 공간을 사랑하게 된다면, 서로의 온전한 모습을 받아들이는 멋진 결혼생활을 할 수 있습니다."

부부가 되려 결혼을 하고 그 서약의 증거로 반지를 나누어 낀다. 왼손 네 번째 손가락에. 헨리 스윈번의 저서에 의하면, 죽은 사람을 해부하면 왼손 네 번째 손가락으로부터 심장으로 이어지는 혈관이 있는데 그 혈관을 '사랑의 혈관'이라고 부른다 한다. 우리 부부는, 그래 나는 아직 네 번째 손가락에서 반지를 빼지 않았다. 이유는 한 가지이다.

"그냥."

07

쌍년의 미학

『쌍년의 미학』

어느 날, 큰아이가 읽어 보라며 내게 이 책을 불쑥 내밀었
다. 강렬한 책 제목과는 달리, 표지는 노랑머리 귀여운 여자의
그림으로 디자인되어 있다. 눈을 지그시 감고 편안해 보이는
여자의 얼굴이 인상적이었다. 우리 큰딸은 평소에 '트위터'에
올라오는 글을 자주 읽는데, 주로 '페미니즘'에 관한 것이었다.
『쌍년의 미학』에서 저자는 여성들도 인식하지 못하고 있는, 불
합리한 여성 차별적 행동들에 관해 얘기한다. 나조차 당연하
다 여겼던 행동들도 여럿 포함되어 있었다.

"여성의 욕구는 아주 당연한 것조차도 욕망이 됩니다. 이

미 너무 부족한 상태이기 때문이지요. 하지만 사회는 여전히 여성에게 더 많은 것을 요구합니다. 더 의식하고, 눈치 보고, 스스로를 옥죄라고 말이에요. 정말이지 숨이 막힙니다. 그리고 조금만 벗어나면 비난을 퍼붓습니다. 된장녀, 김치녀, '쌍년'이라고 말이죠. 그래서 생각했습니다. 어차피 뭘 해도 저 사람들은 나를 욕할 테니, 차라리 내가 하고 싶은 걸 하고 욕을 먹겠다고, 자신을 위해 선택할 수 있는 여자가 쌍년이라면, 차라리 '쌍년'이 되겠다고."

작가의 말에 공감했다. 나도 어차피 욕먹을 거면 하고 싶은 걸 하고 욕먹겠다는 마음으로 글을 쓰기 시작한 것이었다. 여자는 여러모로 남성과 차이를 보인다. 여자는 이성적이기보다 감성적이다. 그렇기에 사랑에 더 가깝다. 결혼하고 아이를 낳으면서 무조건적인 사랑을 몸소 배운다. 남자보다 힘은 약하되 더 지혜롭다. 함부로 싸우기보다는 이해와 융합을 택한다. 여자가 질투가 많다는 것도 사실 큰 오해이다. 여자들은 의리가 강하다. 결혼 후 여자가 먼저 바람을 피우는 경우는 극히 드물다. 남자는 추진력 있고 여자는 끈기 있다. 남자보다 여자의 평균 수명이 더 길다. 이렇게 여러 면에서 남자와 여자는 다르다.

"EZer"

'에젤' 또는 '에제르'라고 읽는다. 이는 히브리어로 '돕는자' 또는 '구원자'라는 뜻이다. 성경에서는 여자를 남자의 에제르 라 한다. 남자를 돕고 구원하라는 하나님의 뜻이 담겨 있는 것 이다. 창세기 2장 18절에 "여호와 하나님이 이르시되 사람이 혼자 사는 것이 좋지 아니하니 내가 그를 위하여 돕는 배필 을 지으리라 하시니라."라는 말씀이 나온다. 하나님은 남자를 돕는 배필로 여자를 지으셨다. 하나님은 진흙으로 남자를 지 으시고 '아담'이라 하셨다. 남자의 갈비뼈를 하나 '뚝' 떼어 여 자를 만드셨다. 그리고 '하와'라 하셨다. 하나님은 남자에게 여 자를 데려와 "내 뼈 중의 뼈요 살 중에 살이라."라고 이르셨다. 여자는 남자의 갈비뼈로 만들어진 존재이다. 그럼 남자의 부 속품쯤 된다는 말인가? 아니다. 하나님은 아담을 만들고 그의 심장을 지키는 갈비뼈로 하와를 만드셨다. 즉, 한 몸이라는 것 이다. 그리고 하나님은 여자에게 하나님의 인성을 주셨다. 인 간인 남자를 돕도록 말이다.

성경에는 또한 여자가 남자에게 선악과를 따 먹도록 만드는 장면이 있다. 여자는 뱀의 꼬임에 넘어가 하나님이 금하신 선악과를 따 먹는다. 그리고 남자에게도 준다. 남자는 선악과를 먹음으로 죄를 짓는다. 그러면, 여자는 남자를 꼬여서 죄를 짓게 만드는 '요물'이란 말인가? 아니다. 여자는 남자를 죄짓게 할 수도, 훌륭하게 만들 수도 있다는 뜻이다. 그만큼 여자는 남자에게 엄청난 에너지를 줄 수도, 빼앗을 수도 있는 존재이다.

"당당하고 실력 있는 수많은 영이들이 나오길 바란다. 진짜 강한 여자는 사람들이 뒤에서 험담할 때 조용히 있다."

드라마 〈미생〉의 열혈직원 안영이의 실사판, 김은주 대표의 말이다. 그녀는 해외 영업을 다니면서 여자로서 많은 차별과 난관을 겪었다. 그때마다, 조용히 자신의 실력을 쌓아 나가는 데 집중했다. 그리고 마침내 실력으로 인정받고 17개의 명함을 가진 CEO가 되었다. 그리고 그녀는 자신을 성장시킨 원동력은 모든 것에 대한 진정한 감사였다고 한다. 자신을 힘들게 했던 존재까지, 나무의 씨를 뿌려 주는 바람에 비유하며 감사함을 말하고 있었다.

"이 사회에서 여성으로 살려면 끝없이 힘을 내야 한다. 내가 하는 거의 모든 발언에 '여자니까'라는 해석이 한 겹 더해질 것을 각오해야 한다. 한국에서 말하는 여성으로 산다는 것은, 각오를 하고, 그래도 다음 세대에는 여성 한 명의 자리가 더 있기를 바라며 말하고 또 말하는 것이다. 세상이 듣지 않을 수 없을 때까지."

변호사이자 동아일보 객원 논설위원인 정소연 변호사도 말했다. 우리 사회에서 여자는 태어날 때부터 비주류다. 그래서 그들이 이룬 성공은 더 값지게 빛난다. 핸디캡이란 어쩌면 단단한 갑옷이 될 수도 있다.

페미니즘의 목소리가 점차 거세어진다. 페미니스트가 주장하는 성차별적 내용은 대부분 진실이다. 여자인 나로서도 분통이 터지지 않을 수 없다. 그러나 대안 없는 비판은 문제를 해결하는 데에 별 도움이 되지 않는다. 수많은 폭로와 '미투' 운동에도 불구하고 가해자들에게 합당한 처벌이 내려지지 않는다. 세상을 떠들썩하게 만들던 이슈는 시간의 무게를 이기지 못하고 사람들의 기억에서 잊혀 간다. 시간은 진실을 왜곡해 오히려 '그녀가 꽃뱀은 아니었을까?' 하는 후담이 돌기도 한다. 사실 책을 쓰기 전에는 나도 별반 다르지 않았다. 힘없는 여자로서 억울함을 호소하는 것밖에는 다른 방법이 없었다.

그러나 글을 쓰며 여자에 관해 공부하고 깊이 생각하다 보니 새로운 걸 깨닫게 됐다. 여자는 원래 하나님께서 자기 대신 남자를 도우라 지으신 우월한 존재라는 것이다. 여자는 그렇게 우월함에도 지금껏 사회적인 차별과 편견을 겪으며 불합리한 대우를 감수해야만 했다. 그러나 그러한 환난은 연단을, 연단은 인내를, 인내는 소망을 이룬다는 성경 말씀처럼 우리에게 불합리한 모든 환경과 조건은 우리를 더욱 강하고 성숙하게 한다는 걸 알아야 한다. 나는 페미니스트들을 지지한다. 물론 여성의 목소리를 내는 것도 중요하지만, 거기에 그쳐선 안 된다. 더욱 성장해서 강해져야 한다. 우리를 억압했던 모든 것을 사랑으로 용서하고 변화시켜야 한다.

영어 속담에 "A man's best fortune or his worst is a wife." 라는 말이 있다. "아내는 남자의 최고의 재산이자 최악의 재산이다."라는 뜻이다. 어떤 아내를 맞이하느냐에 따라 그 남자의 인생이 최고의 인생이 될 수도 있고 최악의 인생이 될 수도 있다는 의미의 속담이다. 그만큼 여자의 역할은 남자의 인생에 무엇보다 중요하다.

과거 우리나라 여성은 남성에게 절대복종해야 했다. 남자를 하늘로 섬김이 그 시대의 참다운 여인의 덕목이었다. 우리 사회가 지금까지도 그런 고정관념에서 크게 벗어나지 못한 건 사실이다. 어찌 보면, 요즘처럼 다원화되고 빠르게 변하는 사회에서 남자 혼자 가정을 이끌어 가야 한다는 말이다. 모든 것을 남자가 결정하고 책임지는 구조이다. 여자 입장에서는 속 편한 소리일지도 모르겠다. 그저 시키는 대로 하고 마음 편히 살면 되지 않겠나!

남자는 가족을 부양하고, 모든 일을 결정하며, 책임까지 져야 하는 부담을 혼자 짊어져야 한다. 생각하면 남자란 존재도 참 안 되었다. '페미니즘'에 오히려 남자가 더 적극적으로 목소리를 높여야 하지 않을까 싶을 정도다. 여자의 권리를 더욱 보장해 주고 목소리에 힘을 실어 준다면, 남자는 가족과 사회의 막중한 책임과 역할에서 해방되어 자유롭고 만족스러운 삶을 살 수 있으리라. 선진국에서 '레이디퍼스트'를 외치는 데는 다 이유가 있다.

사회는, 시대는 빠르게 변하여 젊은 세대는 더 이상 성공적 미래만을 위하여 살지는 않는다. 전통적 가치관에서 벗어나 현재를 즐기고, 새로운 형태의 가족을 이루며, 자신만의 미래를 설계한다. 그 중심에는 재정의된 여자의 역할이 있다. 절대적인 왕권도, 절대적인 가치관도, 절대적인 행복의 의미도 사라진 사회다. AI가 인간의 역할 중 많은 부분을 해결해 주는 요즘, '휴머니즘'이란 단어가 사람에게만 통용되는 것이 아닐 수도 있다. 무거운 권력의 짐을 내려놓을 때, 무엇보다 가볍게, 그리고 높게 날 수 있을 것이다.

이지성 작가의 『여자라면 힐러리처럼』에서 클린턴, 힐러리 부부의 일화를 읽은 적이 있다. 어느 날 부부는 함께 차를 타고 가다가 주유소에 들렀다. 그런데 그 주유소 사장이 힐러리의 전 남자 친구였다. 주유를 마치고 달리는 차 안에서 클린턴은 힐러리에게 물었다.

"당신이 나와 결혼하지 않고 저 남자와 결혼했다면, 아마 주유소 사장 부인이 되었겠지?"

이 말을 듣고 힐러리는 웃으며 대답했다.

"아니, 천만의 말씀! 저 남자가 대통령이 돼 있겠지."

08

딸, 아내, 엄마, 여자의 이름으로

'엄마는 언제쯤 돌아가실까?' 이런 생각만 해도 슬플 거라 예상하겠지만, 사실 나는 아무 감흥이 없다. 엄마에게 불만이 있다거나, 상처가 있어서가 아니다. 철없는 막내딸인 나에게 엄마란 존재는 언제까지나 내 곁에 있을 그런 존재이다. 엄마가 나를 떠난다는 상상 자체가 불가능해서 슬픔이라는 게 낯설다는 말이다.

우리 엄마는 올해 76세를 맞이하셨다. 젊고 예뻤던 멋쟁이 엄마를 자랑스러워하던 것이 바로 어제 같은데, 벌써 엄마도 호호할머니가 다 되었다. 그렇게 젊고 예뻤던 때, 뇌졸중이라는 병으로 쓰러지셔서 오른쪽 신체가 마비되었다. 지금은 많이 회복되셨지만, 여전히 어눌한 말투와 힘없는 오른팔을 보면 마음이 아프다. 그러나 엄마는 그런 몸으로도 내 삶에 중요한 역할을 거뜬히 해 주신다. 내가 글 쓸 수 있는 것도 엄마가 있기 때문이다. 엄마는 내가 온전히 글쓰기에 집중할 수 있도록 일주일에 두 번씩 우리 집에 오셔서 아이들을 봐주시고 집안일을 도와주신다. 중국 고대 시인 한영은 이런 말을 했다.

"나무는 조용히 있으려 하나 바람이 멈추지 않고, 자식이 효도를 하려고 하나 부모는 기다려 주지 않는다."

엄마에게 시간이 얼마 남지 않았다는 것을 이제야 조금씩 깨닫는다. 기회가 있을 때, 엄마를 더 사랑해야 한다는 걸 알게 된다. 나중에 호강 시켜 준다는 말보다, 지금 사랑한다고 말해야 한다. "엄마! 사랑해요! 오래오래 내 옆에 건강하게 살아야 해."라고.

"해와 달이 혹은 바다와 육지가 서로 접근할 수 없듯, 서로 접근하지 않는 게 우리들의 과업이야. 우리 두 사람은 말하자면 해와 달이며 바다와 육지란 말이야. 우리의 목표는 하나로 결합하는 것이 아니라 오히려 서로를 인식하고, 서로 존경하는 법을 배우는 거야. 상반되는 것이 무엇이며, 서로 보완할 것이 무엇인가를 말이지."

— 헤르만 헤세 『지와 사랑』

철없던 엄마의 막내딸이 한 남자의 아내가 되었다. 남편을 내 몸처럼 조정하고 간섭하고 옭아매려 했던 지난 과거를 돌아본다. 왜 이제야 그 모습이 보일까 하고 반문도 한다. 아직도 왜 이렇게 서로 다르냐고 불평하기도 했지만, 세상의 물리적 힘은 다름 그대로 우리를 자연스럽게 만들었다. 결합하는 것이 아니고 서로를 인식하고 존경하는 방법을 배우게 했다. 아무 때나 전화해서 할 말을 하던 나의 행동은 걸려오는 남편의 전화를 잘 받아 주는 것으로 변했다. 바쁜 그를 기다리느라 지쳐 가던 시간은, 온통 책 읽고 글 쓰는 시간으로 바뀌었다. 바쁜 나머지 잘 챙겨 주지 못한 미안함마저 생긴다. 남편의 또 다른 여자를 경계하기보다는, 나에게 다가오는 유혹을 조심하기 시작했다.

"여자가 죽어 지내는 일로 어찌 진정으로 행복한 가정일까."

소설가 박완서의 말이다. 나는 오래전 그녀의 소설을 읽었다. 그때 그녀가 늦은 나이에 등단한 배경을 알게 됐다. 평범한 가정주부로 살던 박완서는 마흔 살에 늦깎이 작가가 됐다. 모든 집안일을 잘하고 좋아했다던 그녀는, 어떤 것으로도 채울 수 없는 가슴속 허함을 발견했고 그렇게 작가의 꿈을 꾸게 되었다 한다. 가슴속으로 나도 그리되리라 생각했다. 그리고 기다렸다는 듯이 지금 따라 하고 있다. 책 쓴다고 아이들 공부도 봐주지 못하고 온종일 집에서 책 읽고 글 쓰느라 정신없이 살다가 문득 펼쳐진 광경에 놀랐다. 둘째 아이가 피아노 의자에 앉아 조용히 '시'를 짓고 있는 모습을 본 것이다. 뿌듯한 마음이 들었다. 엄마로서 딸들에게 해 주고 싶은 말이 있다.

"우리 사랑하는 민서, 민희, 민아. 엄마가 사는 거 잘 봐. 그리고 너희도 엄마처럼 살아!"

나는 진짜 멋지게 살아 내야 한다.

"세상만사에는 시작이 있는데, 그것은 어머니입니다. 어머니를 알면 그 자식을 알 수 있습니다. 그 자식을 알고, 그리고도 어머니를 받들면, 몸이 다하는 날까지 위태로울 것이 없습니다."라고 노자는 말한다. 어머니란 존재는 단순히 인간적인 존재를 벗어나 보다 근원적인 도의 존재이다. 어머니란 모든 것의 근본이 되므로 그 자체가 '도'의 경지에 이름과 같다.

함께 핀 꽃에 처음 익은 능금은
먼저 떨어졌습니다.
오늘도 가을바람은 그냥 붑니다.
길가에 떨어진 붉은 능금은
지나는 손님이 집어 갔습니다.

윤동주의 「그 여자」라는 시다. 윤동주는 성인이 된 이후 한 번도 여인과 사랑에 빠져 본 적이 없었다. 하지만 그에게도 첫사랑은 있었다. 그는 어릴 적 함께 동리를 뛰놀던 동네 누나를 흠모했었다. 소년을 잠 못 들게 했던 누나는 어느 날 고향을 떠났고, 시간은 누나의 비참한 소식만을 소년에게 전해 주었다. 그러나 소년이 사랑했던 누나는, 소년의 시 속에 아련히 담겨 영원토록 아름다움으로 남았다.

여자를 꽃에 비유한다. 신선한 이슬을 머금고 솟은 꽃봉오리는, 곧 만개해 아름다움을 뽐낸다. 스산한 바람이 불고 서리가 내리면 꽃은 시들어 떨어지지만, 열매와 씨앗을 남긴다. 사라져 버린 것만 같았던 아름다움은 이듬해 봄에 다시 꽃으로 피어난다. 여자의 아름다움에는 활짝 핀 꽃으로서의 아름다움만 있는 게 아니다. 진정한 아름다움은 지고 또 피는 인고의 과정을 통해 이어지는 끈질긴 생명력이다. 여자는 끈질기게 살아 내야 한다. 피어나는 싱그러움과 만개의 아름다운 시절도, 지는 쓸쓸함도 모두 여자의 인생이다.

이제 나도 꽃이 지는 순간을 맞이하고 있다. 화려하게 피어 있을 때는 나에게도 이런 순간이 올 줄 몰랐다. 가을 서리에 마지막 잎새가 떨어지고, 나는 절망했다. 그러나 "낙엽이 꽃이라면 가을은 두 번째 봄이다."라고 알베르 카뮈가 말했듯이, 나는 두 번째 봄을 맞이했다. 이제 생명이 움틀 열매를 준비하고, 씨앗을 싹 틔운다. 준비는 아주 고요하고 평안하다. 나 자신과 가족, 친구, 그리고 이웃들을 열심히 사랑하는 일만 남았다. 그냥 따뜻한 눈으로 바라보고, 커다란 귀로 들어주고, 입맞춰 주기만 하면 된다.

09

따님은
문제아가 아닙니다

둘째 딸 민희는 잠시도 가만히 있질 못한다. 집 안에서 체조 선수들이나 하는 옆 돌기를 자주 한다. 배우지도 않았는데 양팔로 바닥을 짚고 반동을 이용해 거꾸로 물구나무를 섰다가 다시 제자리로 돌아오는 어려운 동작을 쉽게도 한다. 친구들과 놀이터에서 놀 때는 다른 여자아이들과 확연히 다르다. 옹기종기 모여 땅을 파고 소꿉놀이를 하거나 숨바꼭질, 그네타기 하는 여자아이들과는 잘 놀지 않는다. 주로 놀이터를 헤집고 뛰어다니는 남자아이들과 놀고 있다. 전력 질주로 잡기 놀이를 하거나, 나무를 타고 올라가 벌레를 잡아 오기도 한다. 얼굴만 하얗고 예쁘게 생겼지, 행동과 노는 모양은 딱 장난꾸러기 남자아이다.

어느 저녁, 한가로이 과일을 먹으며 TV 앞에 온 가족이 모여서 얘기를 했다. 남편이 둘째에게 물었다.

"민희는 커서 뭐가 될 거야?"
"어! 나는 아이돌 가수가 될 거야!"

'아뿔싸!' 순간 겁이 났다. 연예인이 되겠다는 아이의 말에 놀란 것이다. 아이가 어떤 직업을 택하든 지지하고 밀어주리라 마음먹었었다. 단, 연예인만 빼고. 왜 하필 하고 많은 직업 중에 연예인일까? 연예인이란 길은, 여자가 걸어가기에 너무 험난해 보였다. 나는 아이에게 정색을 하고 딱 잘라 말했다.

"안 돼! 아이돌 가수는 안 돼. 딴 건 다 돼도 그건 안 된다."

영국에 한 여덟 살 난 여자아이가 있었다. 소녀는 학교에서 아주 골칫덩어리였다. 선생님이 숙제를 내주면 늦게 내 거나 아예 내지 않는 경우도 많았다. 글씨도 엉망인 데다가 시험 성적은 늘 꼴찌였다.

"너만 보면 아주 골치가 아파."

선생님은 아이를 노골적으로 싫어했고, 친구들도 마찬가지였다. 수업 중에도 소녀는 자리에 가만있질 못했고, 벌떡 일어나 갑자기 소리를 지르기도 했다. 선생님이 버럭 소리를 지르며 야단쳐도 소용없었다. 참다못한 선생님은 아이의 부모에게 편지를 보냈다.

"아이의 주의력 결핍 증세가 너무 심합니다. 저희 학교에서는 도저히 교육이 힘들 것 같습니다. 병원에 데려가 보시거나 특수학교에 보내시는 게 좋을 것 같습니다."

결국 아이의 엄마는 자녀에게 심각한 병이 있을지도 모른다는 걱정에, 병원에 아이를 데리고 갔다. 병원에서 의사는 엄마와 상담을 했다. 그리고 아이의 행동을 유심히 살폈다. 아이는 기다리는 동안 몹시 초조해했다. 자신이 특수학교라는 곳에 가게 될지도 모른다는 생각에 두려워하고 있는 듯했다.

아이는 선생님들이 특수학교에 대해 부정적으로 말하는 걸 여러 번 들었다. 아이는 부모님과 선생님, 친구들까지 자신을 문제아로 생각한다면 어쩌면 정말 자신이 정말 문제아일지도 모르겠다는 생각이 들었다. 그때 의사가 아이에게 다가왔다.

"지루했지? 그런데도 용케 참았다. 선생님이 엄마랑 할 얘기가 있어서 옆방에 다녀올 테니 여기서 좀 기다릴 수 있겠니?"

아이는 고개를 끄덕였다. 의사는 은은하게 음악을 틀어놓고 엄마와 밖으로 나갔다. 진료실 문을 닫고서 의사는 복도에서 한쪽 벽을 가리키며 엄마에게 말했다.

"벽에 작은 구멍이 있습니다. 그 구멍으로 따님이 뭘 하고 있는지 들여다보세요."

아이는 잠시도 가만히 있질 못했다. 그러더니 곧 일어나 몸을 움직이기 시작했다. 아이의 엄마는 입이 딱 벌어졌다. 소녀는 음악에 맞춰 너무나 우아하게 춤을 추고 있었다. 어린아이의 춤이라고 하기엔 너무나 자연스러웠다. 곧이어 의사가 말했다.

"따님은 문제아가 아닙니다. 그리고 병이 있는 것도 아닙니다. 저것 보세요. 타고난 댄서예요. 여기 이렇게 계실 것이 아니라, 어서 아이를 댄스 학교에 데려가 보세요."

유명한 심리학자였던 의사는 아이의 재능을 단번에 알아보았다. 댄스 학교에 들어간 아이는 이렇게 말했다.

"댄스 연습실에 들어갔더니 모두가 나와 똑같은 사람들이었어요. 몸을 움직이지 않으면 좀이 쑤셔서 못 견디는 사람들요. 몸을 움직이지 않으면 아무 생각도 못 하는 사람들 말이에요."

그녀는 런던 왕립 발레학교에 합격했다. 그리고 왕립 발레단에 들어가 세계적으로 명성을 떨쳤다. 은퇴 후엔 뮤지컬 극단을 창립해 대성공을 거두고, 〈캣츠〉와 〈오페라의 유령〉의 안무를 맡았다. 20세기 최고의 발레리나이자 안무가인 질리언 린의 이야기이다. 이 일화를 보고 나는 동시에 우리 민희가 생각났다.

독일의 극작가이자 시인이며 희곡 「빌헬름 텔」로 유명한 프리드리히 실러는 말했다.

"당신이 어릴 적 꿈꾸었던 것에 충실하라."

어릴 적 꾼 꿈이 언제까지 계속될까? 계속 꿈을 유지하고 이루어 가는 사람은 정말 행복하겠지만, 대부분은 커 가면서 꿈을 잊거나, 아예 잃어버린다. '꿈'이라는 단어를 다른 우주의 행성쯤으로 간주하고 정처 없이 방황하던 나는 나도 모르게 아이의 꿈을 빼앗고 있었다. 나만의 가치관에 사로잡혀, 아이가 진정 좋아하고 원하는 게 뭔지 생각하지 못했다. 그것을 깨닫게 해 준 질리언 린에게 감사하다. 이제는 민희의 꿈을 아무 걱정 없이 응원해 줄 수 있게 됐다. 사랑하는 우리 딸 민희가 어쩌면 방탄 소년단처럼 세계에서 빛나는 케이팝 스타가 될지도 모르겠다.

10

나도 모르게
꼰대가 되어가고 있었다

〈모나리자〉의 레오나르도 다 빈치는 회화뿐만 아니라 여러 방면에 재능이 있었다. 시를 짓고 작곡도 했다. 철학과 물리학, 수학, 해부학에도 능했다. 음악에도 조예가 깊었다. 설계와 토목에도 뛰어나 직접 수문을 만들기도 하고, 비행기나 잠수함을 설계하기도 했다. 그러나 이렇게 여러 방면에서 뛰어난 그에게도 한 가지 치명적인 결점이 있었다. 바로 끈기가 부족했던 것이다. 그는 시작한 일을 끝까지 마무리하지 못하고 중도에 그만두는 일이 잦았다. 무슨 일인가 시작하면 곧 다른 일을 벌이고 싶은 충동에 시달리곤 했다.

큰딸 민서의 초등학교 때 꿈은 의사였다. 모든 부모가 그렇겠지만, 자식이 의사가 되고 싶다니 나는 두 팔 벌려 환영이었다. 기쁜 마음에 어린 딸에게 왜 의사가 되고 싶으냐고 물었다. 그러자 나의 질문에 딸은 길게 생각하지도 않고 대답했다.

"아! 의사 되면 돈 많이 벌잖아. 그리고 왠지 의사라고 하면 간지 나잖아."

생각지도 못한 대답이었다. 아직 어린아이가 돈 많이 벌려고 의사가 되겠다는 게 어쩐지 좀 서글프기까지 했다. 아이라면, 아픈 사람을 치료해 주기 위해서라든가, 아니면 의료 서비스가 부족한 못사는 나라에 가서 봉사하고 싶다, 뭐 그런 이유여야 하지 않을까 하고 생각했다. 내가 진부한 건지, 아니면 요즘 아이들이 세속에 물들어 버린 건지 모르겠다. 아이는 나의 실망한 얼굴을 보았는지 더 말을 하지 않았다.

중학교에 들어가고부터 아이는 웹툰에 빠져 살았다. 자연스레 큰딸의 꿈이 웹툰 작가로 바뀌었다. 시대가 바뀌고 있으니 그것도 괜찮다 싶었다. 아빠가 웹툰 작가 '이말년' 씨와 만남을 주선해 주기도 했다. 그러나 그것도 오래 가지 않았다.

"엄마! 나는 그냥 일 안 하고 놀고먹는 게 꿈이야. 아빠가 건물 하나 물려주면 월세나 받으며 살게."

딸의 말에 또 놀라고 말았다. 차라리 돈 많이 벌고 싶어 의사가 되겠다던 때가 나은 것 같았다. 아빠가 물려준 건물에 세나 놓아서 먹고 놀겠다는 말은 황당하고 가히 충격적이었다.

"나는 아직도 호기심과 욕심이 많고 하고 싶은 것도 많은 사람이다. 하지만 예전과는 다르게 지금은 우선순위를 정할 줄 알게 되었다. 선택과 집중을 통해 생각하는 것들을 더 잘할 수 있게 되었다. 하고 싶은 것이 너무 많아 고민인 수많은 청춘에게 나의 이야기를 들려주고 싶다."

동료 박하영 작가는 그녀의 저서에 이렇게 썼다. 실제로도 그녀는 참 다양한 재주가 있다. 원래의 직업은 한의사다. 그리고 얼마 전까지는 스포츠 댄스에 푹 빠져 살았다. 댄스 경연대회에서 유연한 허리를 돌리며 룸바를 추던 모습이 얼마나 매력적이었는지 모른다. 그리고 그림에도 소질이 있다. 여행도 좋아하며, 책도 출간했다. 그녀의 꿈은 뮤지컬 배우였다. 하지만 여전히 하고 싶은 일이 너무 많아 고민인 그녀를 보면서 생각했다. 그녀 같은 '멀티드리머'도 있구나 하고 말이다. 의사가 되었지만, 아직도 하고 싶은 게 많은 그녀는 새로운 도전을 두려워하지 않는다. 그리고 그에 돈과 시간, 에너지를 아끼지 않고 투자한다.

어쩜, 꿈이라는 건 그리 대단한 게 아닐 수도 있다. 그저 자기가 좋아하고 관심 가는 걸 해 보는 것, 그러다 자신의 능력이나 장점을 찾고 진정 자신에게 맞는 길을 찾는 것 아닐까? 우리는 꿈을 여러 가지로 정의한다. 나조차도 꿈에 너무 거창하고 대단한 의미를 부여하고 있었는지 모르겠다. 그래서 우리 아이가 아무것도 안 하고 놀고 싶다고 한 건가! 엄마의 너무 큰 기대에 반항이라도 하듯이 말이다. 박하영 작가의 글을 읽고 느꼈다. 아! 나도 어쩔 수 없이 꼰대가 되어 가고 있었구나! 자식이 공부를 잘해서 대단한 직업을 갖고, 그 직업으로 사회에 공헌까지 하면 좋겠다고 생각하는 꼰대. 호기심도 많고, 하고 싶은 것도 많은 청춘들을 이해하지 못하고 있었다. 그냥 놀고먹으며 편하게 살고 싶고, 노는 일로 시간을 낭비하고 싶은 아이들의 마음을 잊고 있었다. 이제야 자라나고 있는 아이의 마음을 이해하게 되었다. 돌아보면 그때 나도 그랬으니까….

파리 루브르 박물관에 가면 세기의 걸작인 〈모나리자〉가 유리관 안에 전시돼 있다. 그림 앞에는 바리케이드가 쳐 있지만, 세계 각국에서 관광 온 인파로 그 앞은 완전 '북새통'이다. 저마다 〈모나리자〉를 직접 봤다는 감격에, 그림과 함께 '셀카'를 찍느라 정신들이 없다. 끈기 부족에 뭐 하나 제대로 끝내지 못하던 어느 화가의 작품이 세기와 국적을 뛰어넘어 사람들에게 최고로 인정받고 사랑을 받고 있다.

11

링컨은 수염을 기른 덕분에
대통령이 될 수 있었다

사람들이 바쁘게 거리를 오고 간다. 출근하는 남자, 애인을 만나러 가는 여자, 함께 소풍 가기 위해 버스를 기다리는 사람들. 그런데 붐비는 거리 한 귀퉁이에 자리를 잡고 해가 저물도록 앉아있는 한 사람이 있다. 그의 앞에는 이렇게 적힌 종이가 놓여 있다.

"나는 태어날 때부터 맹인입니다."

사람들은 저마다 바쁘게 자기 갈 길을 갈 뿐, 누구도 남자를 돌아보지 않았다. 잠시 후 맹인 앞으로 '또각또각' 구두 소리가 점점 가까이 들린다. 맹인은 손을 뻗어 앞에 서 있는 사람의 구두를 만져 본다. 뾰족한 여자의 구두다. 여자는 맹인 앞에 놓인 종이를 집어 들고는 무언가 적기 시작한다. 여자는 맹인 앞에 다시 종이를 놓고 홀연히 사라진다. 잠시 후, 믿을 수 없는 일이 벌어졌다. 사람들이 쉴 새 없이 깡통에 동전을 던져 넣는 것이다. 깡통은 금세 동전으로 가득 채워졌다. 남자의 앞에 놓인 종이의 문구는 이렇게 바뀌어 있었다.

"곧 봄이 오는데, 나는 그 봄을 볼 수가 없습니다."

'Change the words Change the world'라는 제목의 인터넷 동영상이다. 프랑스 시인 앙드레 브르통의 일화로 유명한 이 이야기를 나는 서점에서 우연히 펼쳐 든 『퇴근길 인문학 수업』이라는 책에서 처음 접했다. 지금은 고인이 된 최옥정 작가의 글이었다. 말과 글이 삶을 바꾼다는 한 장 정도의 짧은 글이었다. 나중에 동영상을 접했지만, 글로 보았을 때 더욱 진한 감동을 느꼈던 것 같다. 글이 마음을 감동시키고, 감동은 행동으로 이어졌다. 한 줄 한 줄 문장을 읽어 내려가며 머릿속으로 장면을 상상했다. 그러자 가슴속에는 소름이 돋을 만큼 진한 감동이 밀려왔다.

1860년 10월 뉴욕의 웨스트필드에서 한 통의 편지가 배달

되었다. 편지에는 이렇게 쓰여 있었다.

"모든 여자는 수염 기른 남자를 좋아해요. 그녀들은 수염 기른 링컨에게 투표하라고 남편들을 닦달할 것이고, 링컨은 대통령으로 당선될 거예요."

에이브러햄 링컨은 50세가 될 때까지 수염을 길러 본 적이 없었다. 그러나 어느 소녀에게 편지 한 통을 받은 뒤로 수염을 기르기 시작했다. 그 후 수염은 링컨의 트레이드마크가 되었다.

링컨은 대선 당시 사람들과 언론으로부터 가장 불운한 정치인이란 소리를 들었다. 누구도 그가 당선되리라 말하지 않았다. 그는 희망을 잃고 자신감마저 잃어 갔다. 그러던 어느 날, 링컨의 사무실에 어린 소녀의 편지 한 통이 배달됐다.

수염만 기르면 당선될 거라는 허무맹랑한 내용이었다. 그러나 링컨은 작은 소녀의 진심 어린 글에 감동했다. 그리고 자신감과 희망을 얻었다. 링컨은 수염을 길렀고 마침내 미국 16대 대통령에 당선됐다. 이후 노예해방과 남북전쟁 승리 등 위대한 업적을 남긴 링컨은 미국 대통령 중 가장 존경받는 대통령이 되었다. 작은 소녀의 글은 한 사람을 변화시켰고, 그로 인해 세계의 역사가 바뀌었다.

나는 어릴 때, 어느 작가의 소설 속 주인공에게 많은 위로를 받았다. 그리고 지금 이렇게 글을 쓰고 있다. 마음을 다한 글에는 그 사람의 진심, 사랑, 영혼이 깃들어 있다. 어떨 땐 한 문장이, 단어 하나가 사람들을 감동하게 하고, 변화하게 한다. 다소 유치한 이유에서 시작한 글쓰기였지만, 글을 써 가면서 나 자신이 바뀌어 감을 느낀다. 작가가 돼서 많은 돈을 벌고 싶었다. 유명해져서 멋지게 살고 싶었다. 하지만 시간이 갈수록 꿈이 조금씩 바뀌었다. 내 글이 독자에게 감동과 위안이 되며, 희망을 줄 수 있기를 바란다. 내가 조금씩 바뀌어 가듯 사람들도 바뀌어 가면 좋겠다. 그리고 스스로 더 좋은 사람이 되고 싶다.

막내딸 민아가 어느 날 내게 물었다.

"엄마, 엄마는 꿈이 뭐야?"
"음, 엄마의 꿈은…. 진짜 좋은 사람이 되는 거."

나는 진짜 좋은 사람이 되고 싶어 글을 쓴다.

3장

먹고 놀기

공부
잘하는 방법

식당에 물수건을 배달하던 스무 살 청년 장승수의 꿈은 서울대 1등이었다.

"그때 서울대 1등이 절 지탱했습니다. 1등이 된 모습만 상상하면 눈물이 나고 가슴이 두근거렸죠. 아무리 힘들어도 1등해서 서울대 정문에 들어가는 장면만 생각하면 가슴이 '쿵' 하고 그랬죠. 꿈이란 건 그것만 생각하는 겁니다."

『공부가 제일 쉬웠어요』의 저자 장승수 변호사의 머니투데이 인터뷰 기사이다. 그는 아버지를 일찍 여의고 어려운 집안 형편 때문에 잠시 대학 진학을 포기하기도 했지만, 대학에 다니는 친구들의 모습을 보고 다시 공부하기로 마음먹었다. 그리고 배달과 막노동으로 돈을 벌어 가며 공부해 서울대 법대에 수석으로 입학했다. 우린 누구나 공부를 한다. 서울대에 가기 위해서도 하고 궁극적 학문을 위해서도 하며, 해외여행을 위해서도 한다.

캐나다에서 온 엔디라는 친구에게 영어 과외를 받은 적이 있다. 그는 우리나라에 여행 왔다가 한국이 좋아 머무르게 되었고, 한국 여자와 결혼까지 했다. 밴드에서 기타리스트로 활동 중이었는데, 가끔 아르바이트로 영어도 가르쳤다. 첫 수업 때, 엔디는 유창한 한국말로 나에게 영어를 배우는 목적이 있느냐고 물었다. 엔디의 질문에 조금 놀랐지만, 이내 나는 눈을 반짝거리며 대답했다.

"전 영어를 굉장히 좋아해요. 그래서 배우고 싶어요."

엔디는 말없이 한참 생각에 잠겼다가 말을 이어 갔다.

"제가 전에 두 명의 여자분께 영어를 가르쳤는데요, 한 분은 영어를 정말 좋아하고 하고 싶어 했어요. 그리고 한 분은 영어 울렁증이 있을 정도로 영어를 싫어했죠."

나는 물론 영어를 무척 좋아하던 여자가 결국 영어를 잘하게 되었을 거라고 생각했다. 내 예상은 보기 좋게 빗나갔다. 영어를 싫어했던 여자는 6개월 만에 프리 토킹을 했는데 영어를 정말 좋아한다던 여자는 한 달도 못 하고 포기했단다. 정말 의아했다. 말이 안 되는 이야기가 아닌가? 그러나 곧 그의 대답을 듣고 왜 그런 결과가 나왔는지 이해할 수 있었다.

"영어를 싫어하던 여자분은 6개월 후에 이민 가야 하는 상황이었거든요. 영어를 좋아하던 여자분은 취미나 호기심으로 배운 것이었고요. 그만큼 영어는 배우는 목적이 중요해요."

교육열이 유독 높은 우리나라 아이들은 제법 공부를 잘한다. 그러나 그들 대부분은 자신들이 왜 공부하는지 모른다. 어쩌면 엄마를 위해, 아빠를 위해 공부한다고 해도 과언이 아니다. 공부 이야기를 나누다 보면 학창 시절에 한 번쯤 반에서 1등 안 해 본 사람이 없을 정도다.

"우리 아들 중학교 때 공부 엄청 잘했어."

"나 초등학교 때엔 반에서 1등이었어."

"사춘기만 아니었으면 난 서울대는 무난히 갔을 텐데."

누구나 영재였던 시절이 있다. 하지만 그건 그냥 추억일 뿐, 그 능력을 계속 가꾸어 나간 사람은 흔치 않다. 누구는 공부가 제일 쉬웠다고 한다. 누구는 공부가 제일 재미있다고 한다. 그럼 그 사람들은 천재인가? 아니면 초능력자인가?

우리가 길을 갈 땐, 목적지가 있다. 밥 먹으러 식당에 가거나, 공부하러 학교에 간다. 가끔 걸어가다 한눈팔 때도 있지만, 목적을 가지고 걷다 보면 결국엔 목적지에 도착한다. 목적이 있으면 길을 잃지도, 중간에 포기하지도 않는다. 하물며 공부라고 다를까? 이렇게 간단한 이치와 진리를 사람들은 왜 외면하는 걸까?

그건 대부분의 사람이 꿈을 오해하고 있기 때문이다. "나는 대통령이 될 거예요."라고 말하던 옛날 TV 화면 속의 나를 떠올려 보라. 그게 오해의 시작이었다. 꿈이라고 하면 대통령이

나 과학자여야만 할 것 같은 고정관념 말이다. 4년 전 내 꿈은 공인중개사였다. 공인중개사 시험에 합격만 하면 이룰 수 있는 것이 무슨 꿈이냐고 말하는 사람이 있을 수도 있다. 하지만 그 당시 공인중개사 시험 합격은 우리 집 생계가 달린 중요한 일이었다. 나는 어린아이들을 엄마에게 맡기고 공부를 시작했다. 주어진 시간도 얼마 없었다. 보통 1~2년을 준비하고도 떨어지는, 쉽지 않은 시험이었다. 나에게 주어진 시간은 4개월. 그것도 한 번에 붙어야 했다. 하루에 3시간을 자면서 4개월을 버텼다. 자꾸만 잊어버리는 나쁜 머리 때문에 책을 읽고 또 읽었다. 집 안 곳곳에는 암기용 쪽지가 붙었다. 문제집을 하도 많이 풀어서 답을 외울 정도였다. 결국, 시험에 붙은 것은 물론, 모든 과목 점수가 거의 만점에 가까웠다. 학창 시절 잘 까먹어서 친구들에게 '닭대가리'라고 놀림 받던 내가 말이다.

꿈이란 사람을 초능력자로 만든다. 꿈이 꼭 대통령이 아니어도 된다. 나에게 공인중개사 시험 합격은, 그 어떤 꿈보다 절실하고 위대한 꿈이었다. 집안 형편 때문에 대학 진학을 포기했던 장승수 변호사에게는 서울대 1등이라는 꿈이 있었다. 돈을 벌어야 했기 때문에 시간도 형편도 여의치가 않았다. 그러나 생각하면 심장이 뛰는 꿈이 있었기에 끝까지 포기하지 않았다. 그리고 훗날 그는 "공부가 제일 쉬웠어요."라고 말할 수 있게 됐다. 중학교 3년, 고등학교 3년, 대학교 4년, 그리고 사회에 나와서도 우리는 영어를 공부한다. 그러나 우연히 길거리에서 머리가 노랗거나 눈동자가 파란 외국인들을 만나면 우리는 죄인들처럼 도망치기 바쁘다. 10년 이상씩 영어를 공부했음에도 우리는 간단히 인사하기도 두렵다. 그럼 6개월 만에 프리토킹을 하게 된 여자는 천재란 말인가?

공부는 목적이 있어야 한다. 그래야 쉽다.
인생도 그렇다. 꿈이 있어야 한다.
그래야 쉽고 행복하다.

인문학은
닭발집에서

　얼마 전 '책인사' 동기들과 조촐한 모임을 가졌다. 그날 강의가 조금 일찍 끝난 덕에, 모두 시간 여유가 좀 있었다. 본격적으로 시작된 초겨울 추위에, 우리는 멀리 가지 않고 근처에서 적당한 집을 찾기로 했다. 동료 작가님 중 한 분이 골목 모퉁이에 있는 허름한 돼지구이집을 추천했다. 우리는 모두 그 집으로 향했다. 가게 문을 열고 입구에 들어서자마자, 추억의 향기가 물씬 풍기는 옛날 선술집 분위기에 마음이 푸근해졌다. 군데군데 천정에서 내려온 은색 환기구 아래에는 타원형의 철제 원탁이 있었고 가운데에는 숯불을 놓을 수 있도록 냄비만 한 구멍이 있었다. 딱 예전에 자주 가던 선술집 모양새였다.

우리는 모두 5명이었다. 술집에 맨 먼저 들어갔던 내가 창가 쪽 빈자리에 앉으려 하자, 친절한 주인아저씨는 추운 날씨를 걱정하며 안쪽 자리로 우리를 안내해 주셨다. 우리는 각자의 의자에 자리를 잡았다. 드럼통 위에 동그란 뚜껑을 덮어 만들어 놓은 의자였다. 뚜껑을 열면 그 속에 겉옷과 가방 등을 넣을 수 있도록 드럼통 의자 속은 비어 있었다. 그런 의자를 처음 보았는지 신기해하시는 작가님도 있었다. 그 집 대표 메뉴 흑돼지를 시키고 맥주와 소주를 시켰다. 맥주에 소주를 조금 섞어 만든 일명 '쏘맥'을 한 잔씩 나누어 마시며 인생 얘기, 사람 얘기, 글 쓰는 얘기를 나누었다. 40대, 30대, 20대. 비록 나이는 차이가 있지만, 글을 쓰는 사람들로서 고충이나 생각을 나누는 소중한 시간이었다.

지금은 휴직 중이신 김소희 작가님은 사회생활의 쓴맛을 몸소 겪으신 터라 나이에 비해 참 성숙하다. 그리고 언제나 언니처럼 나를 챙긴다. 30대임에도 아직 소녀 같은 홍지원 작가님은 말이 없고 조용하지만, 내면에 엄청난 단단함이 있다. 한의사인 박하영 작가님은 다양한 재능과 열정을 갖고 있다. 노란 헤어스타일 만큼이나 매력적이고 믿음이 가는 한의사다. 그리고 우리의 청일점 신강섭 작가님은 그날 몸 상태가 안 좋았음에도 자리를 함께하며 사람들 말에 일일이 공감해 줄 만큼 매너 있고 따뜻한 청년이다. 그렇게 조금씩 꼬이기 시작하는 입술로 각자의 고민을 얘기하고 서로 위로하면서 겨울밤은 무르익어 갔다. 나는 그 선술집에서 동료 작가님들에 관해 알아가고 있었다. 사람에 대해 배우고 있었다.

언제나 나를 지지해 주고, 힘들 때 마음의 위안이 되는 친구가 있다. 아이러니하게도 한참 방황하며 방탕히 세월을 낭비할 때 그 친구를 만났다. 흔히들 그렇게 허랑방탕한 세월 속에서 만난 친구는 오래 가지 못한다고 한다. 실제로 그때 알게 된 대부분의 친구는 지금 연락조차 하지 않고 잊은 지 오래다. 그러나 그 친구는 아니었다. 처음에 그 친구와 나는 순전히 노는 것에 장단이 잘 맞아 붙어 다녔다. 낮에는 게임방에서 스타크래프트며, 리니지며, 게임을 하고, 저녁이 되면 삼겹살에 소주를 마시고 나이트를 다녔다. 겨울이면 스키장으로, 여름이면 해운대 해변으로 갔다. 낮에는 먹고 해가 지면 호텔 나이트에서 뜀박질하며 놀았다.

하지만 우리가 가장 좋아했던 곳은 동네의 한 허름한 닭발집이었다. 그곳은 복잡한 먹자골목을 한참 지나, 빌라촌으로 접어드는 길 한 귀퉁이에 있었다. 겉으로 딱 보기에도 허름한 간판에 인테리어하고는 거리가 먼 선술집이었다. 그 흔한 노란색 조명등도 하나 없이, 천정에 딱 붙어 허여멀겋게 빛나는 가정용 백열등이 정말 술맛 안 나는 기사 식당 분위기였다. 그러나 그 집에는 무언가 특별함이 있었다. 둥그런 철제 원탁 가운데 뚫린 구멍에 숯불을 놓고, 그 위에 놓은 철망에 뼈 없는 닭발을 사장님이 직접 구워 주셨다. 다 구워진 닭발을 빨간 소스에 찍어 입에 넣으면, 두세 번 씹기도 전에 입속에서 불이 나기 시작했다. 너무 매워 물 한 통을 다 들이켜고도 한참 동안 땀을 뻘뻘 흘렸다. 그러나 이내 익숙해져서는 맛나게 먹었다. 친구와 소주 한잔 마시며, 횡설수설 싸우다가 화해도 하고 우리 둘은 참 재밌게도 놀았다.

"친구야! 뭐해?"

"어? 어! 그냥 누버 있다. 와?"

"너 우리 옛날에 다니던 닭발집 기억나냐?"

"닭발집? 아 거기 시내 입구에 있는 거? 억수로 매운 집 거

말이제?"

"어! 갑자기 그 집 닭발 먹고 싶지 않냐?"

"그래. 맞다. 니나 내나 거기 닭발 억수로 좋아했다 아이가! 그 집 우리 엄~청 다녔제."

"지금도 있을까?"

"하모, 거는 아직도 장사 억수로 잘된다. 돈 많이 벌었을 기라. 근데 거는 와?"

"그냥 갑자기 거기 닭발 먹고 싶어서. 우리 옛날 생각나기도 하고."

추억은 젊고 예뻤던 때로 나를 데려간다. 그때 생각을 하면, 어떻게 그리 열심히 놀았는지 모르겠다. 잠까지 포기하고 참 열심히 놀았다. 밤늦게까지 술 마시고 놀다가, 다음 날 새벽같이 일어나 오전 스키를 타러 꾸역꾸역 나갔다. 그때 그렇게 놀지 않고 열심히 일했으면 지금쯤 더 성공하지 않았겠냐고 반문할 수도 있겠다. 그러나 나는 인생의 많은 부분을 그때 친구와 미친 듯이 놀면서 배웠다. 비싸고 멋진 호텔이 아니라, 부담 없고 소박한 길거리 선술집에서 말이다.

마흔 넘은 여자는 무슨 재미로 살까?

쫄깃쫄깃 닭발에 매운 소스 찍어서 친구에게 먹여 주며 웃던 기억이 나를 행복하고 든든하게 한다. 소주 한잔 따라 주고 술잔을 부딪치고, 부어라 마셔라 취해 간다. 힘들었던 가정사, 창피한 연애사, 찌질한 인간사들을 털어놓고 취해 간다. 좁은 선술집은 우리에게 가식 없이 편안히 자신을 내보일 수 있도록 배려해 주었다. 인생을 배우고 서로를 알아간다. 취중 진담이 아니면 절대 할 수 없는 이야기들은, 어느 순간 서로의 경계를 풀게 하고 그 사람을 깊게 이해하게 했다. 그렇게 나의 '인문학'은 닭발집으로부터 시작되었다.

이제는 아픈 이야기도
할 수 있어

80~90년대에는 월부 책 장사라는 것이 있었다. 장사꾼들은 기차역이나 버스 정류장 같은 곳에서 어리숙한 사람 하나 잡아 책을 팔았다. 판매하는 책의 양은 거의 수백 권에 달했다. 그리고 가격도 비쌌다. 물론 그들에겐 비싼 가격임에도 '월부', 그러니까 매달 아주 조금씩만 갚아 나가는 방법이라는 비장의 무기가 있었다. 외상이라면 소도 잡아먹는다는 우리 민족의 성향에 걸맞은 마케팅 기법인 셈이다. 어느 날 어느 순진하고 어린 여자 하나가 장사꾼에게 걸려들었다. 얼핏 보기에도 어리숙하고 촌스러워 보이는 여자를 베테랑 책장수가 놓칠 리 없었다. 책장수는 능글능글 웃어 가며 지나가던 여자를 불러 세웠다.

"아가씨! 아가씨! 아가씨 어델 가시우?"

"저…. 집에 가는 길인데요. 왜 그러세요?"

젊은 여자는 갑자기 자신에게 말을 거는 남자를 경계하면서도 공손히 대답했다.

"아가씨 보니까 책 좋아할 것 같은데, 혹시 집에 고전전집 있남유?"

예상외의 책 이야기에 여자의 머릿속을 채우던 불안과 경계의 생각은 온데간데없이 사라지고 갑자기 호기심이 일었다. '고전? 전집? 그게 무슨 책이지?'

"그 왜 셰익스피어나 괴테, 톨스토이 같은 유명한 사람들이 쓴 책들 말이유. 내가 싸게 줄 테니 가져가요. 잉?"

여자는 '유명한'이란 단어에 솔깃했다.

"책이 얼만데요?"

"양이 좀 되긴 하는데, 한 달에 2만 5천 원씩 내면 돼. 24 개월."

여자는 솔깃하긴 했으나 잠시 망설였다. 그리고 속으로 책 값을 계산했다. 한 달에 2만 5천 원씩 24개월이면 60만 원이라는 얘기였다. 비싸다. 그것도 상당히. 매달 들어오는 월급이라고 해 봐야 고작 50만 원이 조금 넘었다. 월급보다 훨씬 비싼 책을 산다는 건 재정상 벅찬 일이었다.

"저기, 제가 돈이 좀 없어…."
"아이 괜찮아. 한 달에 2만 5천 원씩인데 2만 원으로 깎아 줄게, 그 돈으로 평생 읽을 책 다 사는 거유. 책 많이 읽으면 좋아. 머리도 좋아지고, 성공하고…."

여자는 5천 원 싸게 준다는 말에 다시 속으로 계산을 했다.

'5천 원을 싸게 주면 1년에 6만 원, 2년이면 12만 원, 그럼 총 48만 원이네…. 머리가 좋아진다고? 성공도 하고?'

마흔 넘은 여자는 무슨 재미로 살까?

눈을 굴리며 아무런 대답이 없는 여자에게 책장수는 쐐기를 박는다.

"에이 아가씨가 순진하고 참 착해 보이니까 내가 좀 신경써서 36개월로 해 주께. 그럼 진짜 완전 싼 거유."

여자는 결국 책을 샀다. 그러나 돈 벌러 다니느라 책을 읽을 새가 없었다. 월부책 박스는 배달된 채로 방 한구석에 방치되었다. 포장도 뜯지 않은 채 이삿짐처럼 쌓여 갔다.

그 순진한 여자가 바로 우리 언니다. 언니가 사들인 책 박스가 며칠 후 집에 배달되었다. 그러나 아무도 그걸 꺼내 보지 않았다. 우리에게 금기시된 물건인 양 안에 있는 것들을 궁금해하지도 않았다. 여러 달이 지나 박스에 쌓인 먼지를 털어내고 포장을 뜯은 건 바로 나였다. 안에는 썰어놓은 카스텔라처럼 가지런하게 담긴 책들이 있었다. 알록달록 표지의 책에서 구수한 종이 냄새와 인쇄잉크의 냄새가 났다. 듬성듬성 교과서와 잡지들이 꽂혀 있는 책장을 정리하고 자리를 만들었다. 성스러운 의식을 치르듯 한 권, 한 권 꺼내 이리저리 살펴

본 뒤 조심스레 책장에 꽂았다. '『데미안』, 『달과6펜스』, 『수레바퀴 아래서』, 『부활』…' 제목도 생소한 책들이 같은 모양으로 자리하고 있었다.

그중 가장 먼저 눈에 들어온 책은 『빨강머리 앤』이었다. 만화로만 보았던 '앤'의 이야기는 무려 10권이나 되는 소설책이었다. 어쩐지 작가도 참 친숙했다. 이름이 꼭 메리야스 상표명 같은 '몽고메리'였기 때문이었다. 옆에 있다면 "어이, 메리야스!"라고 놀리기 딱 좋은 이름을 가진 친구처럼 말이다. 『호밀밭의 파수꾼』의 J. D. 샐린저는 말했다. "진짜 멋진 책은, 작가가 엄청 친한 친구처럼 느껴진다는 거예요."라고. 나는 그렇게 만화 속 주인공이 아닌 소설 속 '앤'을 만났다. 그 아이는 좀더 실제적이었다. 아니 꼭 살아 있는 듯했다. 집에 있을 때는 언제나 그 아이와 만나 그린게이블즈의 식탁에서 딸기잼을 바른 토스트를 먹고 수다를 떨었다. 고아이긴 하지만 너무도 밝고 엉뚱한 앤이 나는 좋았다. 앤이 정원에서 뛰어놀며 상상의 나래를 펼칠 때는 나도 함께 들떴고 사고 쳐서 절망할 때는 내 가슴도 덩달아 아파 왔다.

수레바퀴 아래서 고민하는 한 소년도 만났다. 철없던 한 귀족 청년의 부활도 함께했다. 책만큼 충실한 친구는 없다던 어니스트 헤밍웨이의 말이 떠오른다. 그렇게 나는 책 속의 그들과 함께 웃고 울고 고민하면서 열심히 놀았다. 그 덕인지 나는 글 쓰는 데 두려움이 없었다. 학창 시절 편지로 친구를 감동시켜 울리는 건 아주 쉬운 일이었다. 국어 과목은 따로 공부하지 않아도 항상 만점을 받았다. 수능에서도 마찬가지였다. 나에게 책 읽기는 숙제가 아니라 친구들과 만나 신나게 노는 일이었다. 책을 펼치면 그곳이 어디든 나에겐 놀이터나 다름없었다. 언제나 그곳에 가고 싶었다. 그곳에서 놀았던 걸까? 공부를 했던 걸까?

내겐 누리끼리한 네모난 양철 도시락에 얽힌 소중한 추억이 하나 있다. 그 시절 겨울에는 김치를 깔고 밥을 올린 양은철 도시락을 싸 들고 학교에 다녔다. 교실 가운데 있는 난로에 데워 먹던 양철 도시락통은 그리 추억스러울 것도 없는 일상생활용품이었다. 학창 시절의 꽃이라 불리는 고등학생 때, 내인생은 '암흑기'였다. 명문가 독자로 나고 자라신 아버지와 부잣집 막내딸 어머니 덕분에 어릴 땐 부유하게 지냈지만, 학교에 들어갈 무렵 아버지에 이어 어머니까지 집을 나가셨다. 아버지는 그 많던 가산을 탕진한 것으로도 모자라 여기저기 빚까지 얻어 놓으시곤 집을 나가셨다. 그 빚 때문에 엄마까지 집을 떠나 있을 수밖에 없었다. 내가 유일하게 의지했던 언니는 고등학교를 졸업하자마자 돈 벌러 나가야 했다. 그 와중에 유일한 희망은 공부밖에 없다고 생각했던 오빠는 공사장에서 막노동을 해 가며 학비를 벌었다. 우리 보호자로 남겨진 할머니는 나이 들어 여기저기 아프신 데다, 백내장으로 앞도 보지 못하셨다.

그런 집안 형편 때문이었을까? 기억 속 그 시절은 그저 어두침침하고 싸늘한 월세방과, 죽고 싶다는 상념으로 가득하다. 앞 못 보시는 할머니의 짜증과 원망은 날이 갈수록 심해졌고, 빨래와 청소 등 모든 집안일은 일찍 학교에서 돌아온 내 몫이었다. 거기다 수학 공식이며, 영어 단원 본문들을 통째로 암기해야 했다. 밤늦게 돌아온 오빠의 질문에 틀리기라도 하면 몰아치는 폭력을 속수무책 당해야 했기 때문이었다. 하루하루 견디기가 힘이 들었다. 눈을 떠도 눈을 감아도 죽고 싶었다. 떠올리기만 해도 눈물이 난다. 너무 불쌍해서…. 그때 어린 소녀

——————— 마흔 넘은 여자는 무슨 재미로 살까?

가 너무 불쌍해서.

지금 이 이야기를 이렇게 쓸 수 있는 건, 그 시절 우리 가족의 아픔을 하나하나 모두 이해하게 되었기 때문이다. 아버지는 어릴 적부터 축구를 한 덕에 학교 체육 선생님으로 재직하셨지만, 큰집 할아버지의 월북 때문에 수시로 '삼청교육대'라는 곳에 끌려다니셨단다. 자연스레 학교에서 일할 수 없게 되었다. 아버지로선 그저 집안의 논뙈기, 밭뙈기를 저당 삼아 얻은 돈으로 여기저기 도망 다니는 것밖에는 도리가 없으셨으리라. 엄마는 일찍부터 미용실을 운영하셨다. 아빠의 계속되는 가산 탕진이 엄마를 가장으로 내몰았기 때문이다. 하지만 지인들에게까지 빚을 지는 형편에 이르자 미용실 수입만으로는 도저히 생활을 감당할 수 없었다. 매일 이어지는 빚쟁이 등쌀에 미용실 영업이 불가능했고, 결국 집을 떠날 수밖에 없었다. 그렇게 남겨진 가족의 생활비를 벌어야 했던 언니는, 고등학교 졸업도 전에 공장에 취업했다. 최 부자 집 큰딸로 태어나, 김 진사 집 둘째 며느리로 시집오신 할머니는 그 귀한 독자를 낳고 젊은 날을 호령하셨다. 그러나 결국 단칸방 셋방살이에 앞도 못 보는 봉사로 생을 마감하게 되셨으니 얼마나 참담하고 답답하셨을까!

오빠는 기대와 사랑을 한 몸에 받고 자란 김 진사 댁 2대 독자였다. 그러나 어느 날 갑자기 앞 못 보는 할머니와 동생을 부양해야 할 누더기 가장으로 내몰리게 되었다. 오빠는 이 역경을 이겨낼 방법은 오직 공부밖에는 없다고 생각했을 것이다. 미팅의 짜릿함도, 노스텔자의 고뇌와 낭만도 없는 대학 생활을 했다. 막노동판을 전전하며 학비를 벌고 공부하며 동생의 미래까지 책임져야 하는, 어리고 미숙한 가장이었던 오빠. 그런 오빠의 스트레스와 중압감은 훈계와 사랑으로 포장되어 무지막지한 폭력으로 나에게 가해졌다. 그 차가운 셋방살이엔 출구가 없었다. 눈을 감으면 사라지는 모든 것을 동경했다.

그때 유일하게 즐거웠던 것은 지금도 가끔 모이면, 학창 시절로 돌아가 욕지거리로 친분 확인하며 깔깔거리는 친구들과의 일상이었다. 생각해 보면 암울하기만 했던 학창 시절은 아니었다. 슬프도록 아름답다는 말이 너무나 어울리는 추억이다. 추운 겨울 월세방에선 세기의 천재들의 고전을 읽으며 그들과 친구가 되었고, 학교에선 친구들과 놀며 꿈같은 학창 시절을 보냈다.

"영미야! 너 미팅 나갈래?"

2학년이 되어 새로운 반 친구들 얼굴을 익히기도 전, 한 아이가 다가와 말했다. 나는 생각했다. '저렇게 예쁜 애가 나한테 왜 미팅에 가자고 할까?' 혜경이는 얼굴도 예뻤지만, 아이들에게 인기도 많았다. 혜경이를 따라 나간 미팅 자리는 뜻밖이었다. 어두운 내부에 번쩍이는 조명, 귓속으로 갑자기 쳐들어와 가슴까지 '쿵' 울리고, 나갔다가 다시 들어와 '쾅' 하고 가슴을 때리는 엄청난 세기의 비트와 함께 이승철의 목소리가 들렸다. 처음 마신 맥주 탓에 눈앞에 세상이 빙글빙글 돌았다. 신세계였다.

달콤한 세계를 알아버린 나는 더 이상 집에 박혀 영어 단어를 외우고만 있을 수 없었다. 나는 숙제 대신 노래도 잘하고, 얼굴도 예쁜, 거기다 믿을 수 없게 착한 희정이와 밤새 춘천 시내를 함께 배회하며 놀았다. 희정이는 정말 놀랍도록 매력적이었다. 고상한 얼굴을 하고는 길거리 아무 데서나 담배를 피웠다. 근데 술은 단 한 방울도 못 마셨다. 어느 날 희정이는 차분한 단발머리로 학교에 왔다. 창문가에 선 그녀의 머리가 바람에 날리자, 곧 귀 뒤쪽부터 뒤통수까지 까까머리 승려처럼 허연 밑머리가 드러났다. 상상을 초월한 머리 스타일에 나는 이상하게 매료되었다. 또 하루는 희정이가 이마 위에 커다란 머리띠를 하고 학교에 왔다. 그때만 해도 귀밑 4cm 단발머리 규정이 엄격했던 터라 커다란 머리띠는 바로 눈에 띄었다. 수학을 담당하셨던 여 선생님은 곧장 희정이를 불러 세웠다.

"야! 너 머리띠! 너 나와 봐! 너 머리 그거 뭐야?"
"엄마한테 밑머리만 밀어 버린 거 들켜서, 전부 **빡빡** 깎였습니다. 가발 쓰니까 너무 티 나서 머리띠 했습니다."

희정이는 당황하지 않고 말했다. 그리고는 가발을 벗어 버렸다. 비구니처럼 서 있는 희정이를 보고 모두 웃었다. 선생님은 마치 자기가 잘못이라도 한 것처럼 사과를 했다. 표정 변화 없이 다시 가발을 쓰고 자리로 돌아가는 희정이가 어쩐지 영화 속 주인공처럼 느껴졌다. 더욱 비현실적인 건 그 누구에게나 아끼지 않고 자신의 것을 나누어 주는 그녀의 성격이었다.

내 어깨를 항상 꼭 안고 다니던 경랑이는 우리 무리의 대장이다. 경랑이는 빠르고 강한 말투와 큰 키의 겉모습과는 달리 눈물이 많았다. 길가에 버려진 강아지 한 마리를 보고 눈물을 짜곤 했다. 하지만 최고의 매력은 단연 모두를 압도하는 그녀의 입담.

"얘들아, 너희, 섹스를 더럽다고 생각하면 안 돼. 그건 성스러운 거야!"

경랑이는 여학생에게 금기시되었던 은밀한 영역을 대담하게 넘나들며 우리를 자극했다. 경랑이표 성교육이 시작되면 벌렁 누워 TV를 보던 우리는 순식간에 동그랗게 모여앉곤 했다. 그리고 모두 당나귀 귀가 되었다. 지금 와 생각하니 참 이상하다. 섹스가 정녕 더럽거나 수치스러운 것이 아니고 성스러운 것이라는 걸, 경랑이는 그때 어떻게 알았을까? 그녀의 성교육을 나는 이제야 겨우 알아듣고 있는데 말이다.

승미는 남자들에게 가장 인기가 많았다. 모두 그녀가 섹시하다고 했다. 그러나 나는 전혀 그렇게 느끼지 못했다. 목소리 톤은 살짝 높지만, 말씨는 상냥했다. 그리고 항상 배시시 웃고 있었다. 몸이 드러나는 옷을 입지도 않았다. 언제나 청바지에

티셔츠. 그리고 운동화. 내 눈엔 오히려 순진하고 착하게만 보였다. 아는 동생들, 아는 오빠들, 친구들 모두 입을 모아 말했다.

"나 여자 친구 없었으면 아마 승미랑 사귀었을 거야."

난 아직까지도 왜 승미가 섹시하다는 건지 모르겠다. 혼자여러 가지 특징들을 살피고 추론해 본 결과, 얻은 결론은 단 하나. 코와 입 사이에 있는 까만 점이 그녀를 그토록 섹시하게 보이게 하는 건 아닐까?

현정이는 두 가지의 모습으로 기억된다. 처음 봤을 때 그녀는 70kg이 넘는 다소 뚱뚱하고 조용한 모범생이었다. 공부도 잘했던 것 같다. 시골 아이처럼 '헤헤' 하고 웃기를 잘했다. 하지만 현정이는 항상 우리 학교에서 제일 예쁘고 제일 날라리인 아이와 함께였다. 어딘가 어색했던 그 조합은 언제부턴가 어울려 보이기 시작했다. 현정이의 살이 점점 빠지자, 살 속에 묻혀 있던 미모는 점점 드러났다. 급기야 그녀는 50kg대의 날씬한 몸매가 되었고 전과는 완전히 다른 사람이 되어 있었다. 남자 친구는커녕 미팅도 한 번 안 해 봤을 법한 그녀는 어느

새 남자 친구를 사귀게 되었는데, 반전이 너무 심해서 아직도 놀랍다. 가장 예쁘고 잘나가는 여자를 차지하는 것은 일대의 짱. 현정이가 남학교 통틀어 가장 잘나가는 오빠의 여자 친구가 된 것이다. 외모의 변화와 함께 찾아온 그녀의 상황 변화에서 나는 어렴풋하게 배웠다. 여자에게 외모란 일종의 권력과도 같은 것이라는 것을. 그래서 여자들이 열심히 돈을 벌거나 공부를 하기보다는 외모에 치중하는 것일까?

그리고 경미. 그녀는 어느 순간 바람과 함께 사라졌다. 7공주 중 6명 모두와 연락을 끊고 잠적해 버렸다. 그녀에게 무슨 일이 있는 것일까? 그립다. 보고 싶다. 친구야!

"영미야, 너 미팅하러 갈래?"

어느 날 내게 다가온 친구들은 차가운 월세방 안에 있는 나를 불러냈다. 나는 밖으로 나왔다. 세상은 참 밝은 곳이었다. 가상의 친구가 아닌 진짜 친구가 생긴 것이다. 내겐 그 친구들이 세상 그 무엇보다 소중했다. 그런 친구들에게 나란 아이를 평범한 집안의 평범한 아이로 포장하기 위해 나는, 매일 아침

노란 양철 도시락에 김치를 깔고 갓 지은 밥을 채웠다. 그리고 계란 프라이를 올렸다. 마치 엄마가 정성 들여 싸 준 도시락처럼. 햇살이 가득한 교실, 점심시간이 되면 나는 어두운 방 속의 일은 모두 잊었다. 노란 양철 도시락 뚜껑을 열면 친구들과 다르지 않은 김치와 밥, 계란 프라이가 자랑스러웠다. 그녀들과 함께 도시락을 먹으며 환하게 웃었다. 너무 맛있어서, 너무 행복해서 눈물이 날 것 같았다.

> 하늘의 무지개를 볼 때마다
> 내 가슴 설레느니,
> 나 어린 시절에 그러했고
> 다 자란 오늘에도 매한가지,
> 쉰 예순에도 그러지 못한다면
> 차라리 죽음이 나으리라.
> 어린이는 어른의 아버지
> 바라노니 나의 하루하루가
> 자연이 믿음에 매어지고자.
> — 윌리엄 워즈워스 「하늘의 무지개를 볼 때마다」

04

놀다 보니
어느 순간 유명해졌다

성공이란 열심히 노력해야 한다고들 한다. 나 역시 그렇게 생각한다. 다들 열심히 공부하고 열심히 일하고 열심히들 살아간다. 하지만, 내가 살아온 인생은 좀 달랐다. 그냥 신나게 놀다가 짜릿한 성공의 순간을 맞이하곤 했다. 열심히 노력하는 대신 정말 재밌게 일했기 때문이었던 것 같다. 당시엔 생각지도 못한 성공에 당황해서 뒷걸음치긴 했지만, 아직도 그 기억만 떠올리면 짜릿한 전율이 온다. 나에게 또 미치도록 재미있게 할 수 있는 일이 생긴다면 그런 순간은 언제든 다시 오리라.

2009년, 당시 운영 중이던 블로그가 "미모의 요가강사"란 제목으로 다음 사이트 최상단에 링크되었다. 잘 관리해서 조회 수를 좀 더 늘리면 광고 계약까지 가능했다. 여기저기에서 연락이 왔다. 모두 동영상의 주인공이 나란 것을 확인하고는 탄성을 질러 댔다. 오랫동안 소식이 없던 친구들에게까지 전화가 왔다.

"영미야! 인터넷 요가 동영상, 너 맞지? 진짜?"

자신들도 믿기지 않는 듯 나에게 재차 확인하며 축하한다고 야단들을 떨었다. 매일 쌓여 가는 댓글을 읽고 있자니 마치 내가 스타라도 된 듯 으쓱해졌다. 가족들은 대견한 듯 감탄과 기대를 쏟아냈다. 부와 명성, 그리고 커다란 행복이 눈앞에 막 다가와 있는 듯 아찔했다.

처음 요가를 시작하게 된 건 남편 덕분이었다. 자신이 요가 좀 해 보겠다고 선뜻 1년 치 수강료를 선불로 지급해 놓고 한 달도 안 되어서 못 하겠다고 내게 떠밀었던 게 계기가 되었다. 첫날 받은 수업이 생생하게 그려진다. 요가원에 들어서자마자 코를 행복하게 하는 라벤더 향이며, 넓지 않은 라운지의 포근

하고 이국적인 느낌에 매료되었다. 수련장 문을 열고 들어가니 유리 벽 쪽에 예쁜 강사님이 서 있었다. 하얀 피부와 순수한 미소, 수줍은 목소리의 어린 여자였다. 나는 50분간의 수업 시간 내내 말도 안 되는 동작을 하느라 낑낑대면서도 새로운 세계에 푹 빠져들었다.

"회원님 힘드시면, 가능한 만큼만 하시면 됩니다. 그리고 하시면서 힘들다고 숨 참으시면 안 되고요. 천천히 호흡하세요."

내게 다가와 어깨를 잡고 동작을 도와주시는 강사님의 몸에서, 달콤한 향수와 땀내가 섞여 내 코를 자극했다. 싫지 않았다. 처음 배우는 요가였지만, 수업 내내 땀을 뻘뻘 흘리도록 열심히 했다. 운동이 끝나고 밖으로 나왔을 때, 살랑살랑 봄바람이 불어왔다. 땀이 식으며 상쾌함이 밀려왔다. 더불어 몸도 날아갈 듯 가볍고 거뜬했다. 사랑에 빠진 것처럼 행복했다.

요가는 무거웠던 몸을 가볍게 하고 생활에 활력을 주었다. 그런 날 보던 남편이 대뜸 말했다.

"당신 요가 강사 하면 정말 잘 어울리겠다. 한번 해 봐."

생각지도 않았는데 남편 말을 듣고 나니, 갑자기 의욕이 일었다. 무언가 재미난 놀이를 발견한 아이처럼 호기심에 가슴이 설렜다. 아이 키우고 집안일 하면서 잠깐씩 아르바이트하기에도 좋을 것 같았다. 돈 주고 배우는 것도 좋지만, 직접 가르치며 돈도 벌 수 있다고 생각하니 신이 났다. 나는 결심이 서면 그 즉시 저지르고, 일단 몸으로 부딪치고 겪으면서 헤쳐나가는 성격이다. 자격증 과정을 검색하고는 생각보다 비싼 수강료에도 아랑곳하지 않고 로켓포처럼 질러 버렸다. 사설 기관에서 주는 자격증이지만, 6개월이 넘게 동작을 익히고 명칭과 기능, 효과 등을 외워야 하는 일은 만만치 않은 과정이었다.

각종 근 골격계 서적과 인체 관련 의학 서적을 읽고 보고서도 써야 했다. 무엇보다 동작 익히는 과정이 단순히 배울 때와는 차이가 컸다. 예를 들어, 앞뒤로 다리 찢기 동작이 완벽하게 되지 않으면, 강사가 직접 와 자신의 무릎으로 내 허리 뒤쪽 척추를 받친 뒤 두 손으로 어깨를 눌렀다. 그렇게 동작이 완성될 때까지 계속했다. 다리 사이가 찢어질 것같이 아

　　　　　　　　마흔 넘은 여자는 무슨 재미로 살까?

파 소리를 질러도 눈 깜짝하지 않았다. 참기 힘들 정도로 아프고 고통스러웠다. 어느 수강생은 참다못해 울기도 했다. 그렇게 6개월 과정을 견뎠고, 드디어 나는 요가 강사 자격증을 손에 쥐었다. 정말 갖고 싶었던 장난감을 얻은 개구쟁이처럼 마냥 들떴다.

처음 일하게 된 곳은 가출한 아이들이 단기간 머무는 '쉼터'였다. 일주일에 한 번 아이들에게 무급으로 요가를 가르쳤다. 오전에는 1층 문화센터에서, 일반인들 상대로 강습을 했다. 일반인 수업과 달리 '쉼터' 수업은 상담이나 소통 위주였다. 단순히 요가를 가르치는 강사가 아니라 아이들의 앞날에 무언가 의미를 부여해 주어야 하는 선생님 역할을 해야 했다. 한국고용정보원에 따르면, 한국인직업 만족도 조사에서 상위권에 있는 직업은 다수가 교육 관련 업종이다. 그만큼 누구를 가르치는 일은 큰 자부심을 느낄 수 있는 일이라는 말이다.

내가 고등학교 때 가출했을 때는 쉼터 같은 곳도 없어서 몇 날 며칠 여관방을 전전하고 거리를 떠도느라 고생했다. 그래서인지 어이없게 쉼터에 있는 아이들이 부럽단 생각을 했던 기억이 났다. '나 어릴 때는 집 나가도 갈 데가 없었는데, 요즘엔 참 좋네.' 그래서 아이들이 불량하거나 불쌍히 여겨지지 않았다. 자기들을 부러워하는 내 마음을 알았을까? 아이들은 별 거부감 없이 나를 잘 따랐다. 아이들과 이야기하다 보면 어김없이 가출했던 때의 내 모습이 튀어나왔다. 친구를 만나듯이 아이들과 친해졌다. 마치 그네들의 짱 언니가 되어 가출 놀이를 하듯이….

쉼터 봉사는 곧 학교 수업으로 이어졌다. 교회에서 만나 알고 지낸 고등학교 선생님이 내게 방과 후 수업을 제의해 주셨다. 쉼터에서 아이들을 가르친다는 얘기를 어디서 들으신 모양이었다. 『빨강머리 앤』을 읽으며 어렴풋이 선생님이 되고 싶다 생각했었다. '아이들을 가르치는 선생님이 되다니 내가. 이게 꿈인가?' 그러나 현실에 행복해할 겨를도 없이 넘어야 할 산이 나타났다. 선생님께서는 수업 시간에 사용할 자료를 블로그에 올려 저장할 것을 권하셨다. 컴퓨터 하고는 담쌓고 사는 내가 어찌 자료를 만들 것이며, 또 블로그는 어찌 만들 것인가. 한동안 머리가 멍했다. 하지만 걱정도 잠시, 어느 날 머리에 반짝

아이디어가 떠올랐다.

    평소 수업 때, 직접 요가 동작을 하면서 숨차고 힘든 내색 없이 설명까지 해야 하는 게 힘들었다. 거기다 수강생들의 동작을 일일이 바로잡아 줘야 했기 때문에 무척 바빴다. 그래서 생각해 낸 것이 요가 동영상이었다. 수업시간에 블로그 동영상을 틀고 설명하면서 못하는 아이들을 도와주면 되겠다 싶었다. 그런데 생각지도 못한 데서 일이 터졌다. 블로그 관리에 서툴렀던 내가 동영상을 모두 '전체공개' 해 놓았던 것이다. 빠르게 소문난 내 블로그는 얼마 지나지 않아 조회 수 1위 동영상으로 다음 사이트 메인 상단에 링크되었고, 페이지마다 어마어마한 댓글들이 달리기 시작했다. 동영상을 본 지인과 옛 친구들에게서 전화가 폭주했다.

    비록 수많은 악성 댓글과 처음 겪는 상황이 두렵고 불안해 급하게 그만두었지만, 지금도 그때를 생각하면 짜릿하다. 처음엔 그냥 여가시간 운동하며 놀자고 시작한 것이었다. 블로그 이름도 '영미랑 요가하고 놀자'였다. 쉼터에서는 어릴 때 집 나온 나를 만나듯 아이들과 만나 놀았다. 나보다 나이가 훨씬 많은 문화센터 수강생분들께 깍듯이 '선생님' 호칭 들어 가며 선생님 놀이할 땐 보람도 느꼈다. 수업 자료를 만든다고 골방에서 혼자 삼발이 위에 손바닥만 한 디지털카메라를 세워 놓고, 예쁜 옷 입고 요가 동작을 하며 놀았다. 화질을 위해 스텐드로 조명도 밝혀 놓고 나름대로 동작에 맞춰 선별한 배경음악으로 구색도 갖추었다. 고양이 자세를 할 땐, 5살 된 딸아이를 등에 올려놓고 동작을 하며 아이와 둘이 키득대며 웃고 놀던 것이 그만 대박을 터트린 것이다.

성공은 때로 어이없이 찾아온다. 뼈를 깎는 노력과 인내가 아니더라도 대박을 맞이하는 일이 있다. 열심히 놀다가 보니 어느 순간 나도 모르게 유명해져 있었다.

**나 마라톤
완주한 여자야**

"날 위해 한 가지만 해 주겠니?"

"네?"

"난 네가 미식축구를 해 보면 좋을 것 같다."

"미식축구요? 그러죠, 뭐."

"약속하는 거지?"

"네. 약속할게요."

KBS 〈운동장 프로젝트〉 제작진의 『운동하는 아이가 행복
하다』라는 책의 한 부분이다. 《주만지》와 《램페이지》로 잘 알
려진 영화배우 드웨인 존슨의 이야기다. 키 190cm에 몸무게
120kg. 고등학생이라기엔 거구였던 16살 존슨의 눈에는 세상

이 만만해 보였다. 반항기 많았던 존슨은 폭력과 절도로 청소년기를 보내고 있었다. 그때 미식축구팀 감독인 조디 스웍을 만났다. 존슨이 축구에 재미를 붙이자 덩달아 성적도 올랐다. 대학 진학 후 그는 프로레슬링 선수를 거쳐 영화배우가 되었다. 그리고 《그리다이언 갱》이라는 영화에 주인공으로 출연한다. 《그리다이언 갱》은 미식축구 감독이 소년원 아이들에게 미식축구를 가르쳐 주고 팀을 만들어 대회에 참가하는 내용의 영화다. 존슨 자신의 경험을 그대로 영화로 만든 것이었다. 경기를 하다 보면 이길 때도 있고 질 때도 있다. 때론 실패하고 때론 새로이 도전한다. 그런 과정에서 자연스럽게 시련을 극복하고 다시 일어서는 힘을 기르는 것이다.

한 나라는 다른 나라에 진 빚을 갚거나 국제 경기가 나빠질 때를 대비해 어느 정도의 돈을 갖고 있어야 한다. 이런 돈을 '외화보유액'이라고 한다. 나라가 급할 때 쓰려고 챙겨놓은 이른바 '비상금'인 셈이다. 1997년에 우리나라는 극심한 경기침체로 국제통화기금(IMF, International Monetary Fund)의 도움을 받아야 했다. 흔히 국제통화기금을 줄여서 IMF라고 하는데, 경제가 어려운 나라에 돈을 빌려주는 곳이다. 1997년 11

월 21일, 우리나라는 IMF에서 돈을 빌렸다. 그리고 약 4년 동안 IMF의 관리를 받게 되었다. 수많은 기업과 금융 기관이 문을 닫았다. 그로 인해 직장을 잃은 실업자가 쏟아져 나왔다. 가정 경제는 큰 어려움에 처했고, 나라와 국민은 실의에 빠졌다.

1998년 어느 날, 실의에 빠진 국민은 TV를 통해 한 골프 선수를 보았다. 그녀는 간신히 워터 해저드(벗어나려면 한 샷을 희생해야 하는 수역)를 벗어난 공을 치기 위해 양말을 벗었다. 양말을 벗은 그녀의 발은 백옥 같았다. 흡사 흑인과도 같은 그녀의 다리 피부색과는 확연히 구분되었다. 그렇게 되기까지 얼마나 많은 연습을 했을지 감히 상상도 안 되었다. 그녀는 양말을 벗은 뒤 골프채를 들고 워터 해저드로 걸어 들어갔다. 하얀 발을 물웅덩이에 담그고 친 샷은 멋지게 그린으로 올라갔고, 그날 그녀는 우승했다. 골프선수 박세리의 이야기다. 이후, 그녀는 연달아 메이저 대회에서 우승 행진을 했다.

벼랑 끝에 내몰린 상황에서 양말을 벗는 투혼으로 우승을 이끌어 낸 그 장면은, 실의에 빠진 우리나라 국민에게 희망의 메시지를 남겼다. 혜성처럼 나타난 한 여성 골퍼의 우승

행진에 발을 맞추듯 나라는 서서히 경제 위기를 극복해 나갔다. 국민은 금 모으기 운동이나, 아나바다 운동(아껴 쓰고, 나눠 쓰고, 바꿔 쓰고, 다시 쓰기를 실천하는 운동)을 펼치며 경기 회복을 위해 노력했다. 기업들은 경비를 줄이고, 해외에 새로운 시장을 개척했다. 노사가 협동하여 경제를 발전시켰다. 정부는 일자리를 만들고, 나라의 경쟁력을 높이기 위해 여러 제도를 정비해 나갔다. 그리하여 우리나라는 2001년에 IMF에서 빌린 돈을 모두 갚을 수 있었다.

기억하는가? 2002년 월드컵 때를. 우리나라에 최초로 월드컵을 유치하고 4강 신화를 이루었다. 온 나라가 축제의 도가니였다. 당시 우리나라 축구 대표팀 감독은 히딩크였다. 우리나라 대표팀은 월드컵 예선 통과는 물론 제대로 된 1승조차 장담하기 어려운 실력이었다. 히딩크는 우리나라의 16강 진출을 최대 목표로 하고 있었다. 그러나 월드컵 직전 여론은 대표팀의 성적에 히딩크 감독의 자질을 운운하며 공방을 벌였다. 16강은커녕 예선 통과까지 불안해하고 있었다. 하지만 예상은 완전히 빗나갔다. 월드컵이 시작하자 우리 축구 대표팀은 막강한 나라들을 연달아 제치고 기적처럼 4강 신화를 이루어 냈다.

전 세계가 놀랐다. 나라 안이 온통 붉은 악마들의 축제로 술렁였다. 오랜 경기침체의 한을 풀 듯 온 국민이 붉은 옷을 입고 거리로 뛰어나왔다. 모두가 똑같이 '짝짝짝 짝짝' 박수를 치며 "대한민국"을 외쳤다. 대한민국 반도 어느 광장이나, 어느 거리나 붉은색으로 출렁이지 않은 곳이 없었다. 아무도 예상하지 못했지만 우리는 해냈다.

나는 운동을 좋아하고 즐긴다. 그중에서도 가장 힘이 되었던 경험은 마라톤 완주였다. 마라톤은 42.195km를 제한시간(보통 6시간) 내에 완주하는 운동 경기이다. 나는 마라톤 완주를 위해 거의 1여 년의 준비를 했다. 마라톤 동호회에 가입해 선배들의 가르침을 받고 꾸준히 연습했다. 동호회 사람들과 매주 일요일 새벽에 모여 준비운동을 하고 한강변을 달리는 훈련을 했다. 평소엔 20km 정도 달렸지만, 대회가 가까워지면서는 30km 이상 뛰었다.

그렇게 1년 가까이 연습하고 첫 대회에 출전했다. 잠실 주경기장에서 출발하는 동아 마라톤 대회였다. 11월이라 날씨가 꽤 쌀쌀했다. 패기 넘치게 출발해 35km까지는 그동안의 훈

———————— 마흔 넘은 여자는 무슨 재미로 살까?

런 경험으로 거뜬히 달렸다. 그러나 문제는 그 이후였다. 35km를 지나면 '마의 지점'이라 할 만큼 넘기 힘든 한계가 찾아온다. 많은 사람이 이 한계점을 극복하지 못하고 포기한다. 한계점에 도달하니 숨은 가빠지고 팔과 다리가 말을 듣지 않았다. 머릿속은 온통 포기할까 말까 하는 고민들로 가득 찼다. 머리가 어지러웠다. 팔은 점점 힘을 잃고, 다리의 속도는 현저히 떨어졌다. 딱 '포기'하기 일보 직전이었다. 그러나 그때, 천사들이 나타났다. 동호회 선배들이 처음 완주에 도전하는 나와 같은 후배를 도와주러 나선 것이다. 옆에서 구호를 넣어 주고, 뒤에서 밀어 주기도 하며, 결승점까지 함께 뛰어 주셨다. 그렇게 나는 그날 4시간 25분이라는 기록으로 생애 첫 마라톤 완주를 했다. 불가능할 것 같았지만, 나는 엄두를 내었고 결국엔 완주를 이루었다.

운동의 효과는 실로 엄청나다. 개인뿐만 아니라 나라와 사회 전반에 엄청난 파급 효과를 일으킨다. 여러 유명한 교육학자들은 아이들에게 열심히 뛰어놀 것과 한가지 종목의 운동을 꾸준히 할 것을 권유한다. 운동으로 기른 체력은 강한 정신력으로 이어진다. 뿐만 아니라, 한계를 극복해 가는 훈련을 통해, 삶의 여러 난관에서 벗어날 수 있는 힘, 즉 회복 탄력성을 기를 수 있다.

꿈을 잃고 방황하며 소중한 인생을 낭비하던 드웨인 존슨은 미식축구를 통해 꿈을 찾았다. 그리고 꾸준히 노력해 영화배우로 성공했다. 극심한 경기침체로 나라가 망할 위기였지만, 한 스포츠 스타의 굳은 의지와 결실로 국민들은 다시 희망의 불씨를 품게 됐다. 그리고 국민 전체가 하나 되어 축구 경기를 응원하고 신화를 만들어 내며 나라 경제를 회복했다.

숨이 턱턱 막히고 땀으로 흠뻑 젖은 온몸이 나에게 멈추라고 소리쳤지만 결승점에 도달해 하얀 테이프를 끊는 상상을 했다. 그러자 준비해 온 그간의 노력이 내 팔을 흔들고 다리를 벌려 뛰게 했다. 살아가다 보면 때때로 그만 멈추고 싶은 순간들이 찾아온다. 나는 그럴 때마다 '나는 마라톤 완주한 여자야' 하고 이길 수 있다고 견딜 수 있다고 외친다.

나에게 '할 수 있다'고 한다.

사는 여자
vs 잘 사는 여자

06

내 직업은 '김 작가'다. 작가 관점으로 세상을 보다 보면 새롭고 신기한 것이 많다. 며칠 전 신문에 요즘 뜨는 신간 중, 유독 눈에 들어오는 책이 있었다. '생활형 검사의 사람 공부, 세상 공부'라는 부제의 『검사외전』이다. 평범한 사람들에겐 별나라 사람인 '검사'의 일상 이야기라 한다. 아직 읽어 보진 않았지만, 유독 이 책에 눈길이 간 이유가 있다.

한 달 전쯤, 나는 하루 종일 남부지방법원 형사과에서 대질 심문을 받았다. 아침 9시 30분부터 저녁 7시 40분까지 받았으니까 정말 하루 '조~옹일'이라는 말이 딱 맞는 표현이다. 비록 나는 고소인이라 질문도 많이 받지 않았지만, 온종일 그

——————— 마흔 넘은 여자는 무슨 재미로 살까?

곳에 앉아 있는 것 자체가 쉬운 일이 아니었다. 조사가 끝날 때쯤엔 엉덩이에 땀이 차고, 종기가 날 지경이었다. 우리 쪽과 피의자 쪽 준비서면과 입증자료를 토대로 이루어진 조사는 한 치의 빈틈도 없이 정확했다. 우리가 미처 발견하지 못한 부분까지 딱 집어 조사하는데 입이 딱 벌어질 지경이었다.

사실 검사라 하면 드라마나 뉴스에서 본 이미지가 먼저 떠오른다. 억울한 사람을 옭아매고 권력을 휘두르는 갑질 대마왕의 대명사로. 하지만, 실제 검사를 만나고 보니 내가 알고 있던 이미지와 완전히 딴판이었다. 얼굴이 통통하고 귀엽게 생긴 30대 초반의 총각인 듯했다. 우리가 조사관에게 조사를 받을 동안 조용히 한쪽에서 무언가 열심히 하고 있었다. 그때까지만 해도, 나이도 어려 보이는 데다가 순진해 보이는 인상 때문에 검사라고는 전혀 생각을 못 했다. 오히려 우리를 윽박지르는 조사관을 검사로 착각할 정도였다. 언제 검찰에 가서 조사를 받아 봤어야지. 하하하. 조사가 거의 끝날 때쯤 진술 조서를 검토하고 검사한테 확인을 부탁했다. 조서를 쓱 훑어보던 그가 날카로운 표정으로 우리에게 물었다.

"거기 10월 39일까지 잔금 안 하면 해지하겠다고 최고했다는데, 11월 8일에 본인이 보낸 문자에 '전세 들어왔는데' 하는 내용은 뭡니까?"

'와! 완전 똑똑해.' 나는 속으로 생각했다. 우리도 몰랐던 내용이었다. 조사받는 내내 나는 거의 입을 다물고 있었고, 피의자는 조사관의 질문에 놀라고 당황해서, 나중엔 급기야 본인이 스스로 주장을 번복하고 죄를 다 불어버렸다. 조사 질문들은 물론 검사가 뽑았을 것이다. 입이 떡 벌어졌다. '와! 만약 죄짓고 검사실 오면 절대 거짓은 안 되는구나! 특히 우리같이 평범한 사람은 그렇게 할 수도 없겠구나.' 싶었다.

거의 매일 하는 일이다 보니 눈빛만 봐도 거짓인지 진실인지 아는 듯했다. 순진하고 수더분해 보이는 외모 뒤에 날카롭고 냉철한 면이 있었다. 피의자와 함께 온 변호사는 아무 말도, 액션도 취하지 못했다. 드라마나 영화에서처럼, 의뢰인을 위해 적재적소에 나서서 의뢰인이 불리한 진술을 못 하도록 도와주는 일도 없었다.

──────── 마흔 넘은 여자는 무슨 재미로 살까?

한편으로 검사라는 사람이 참 안됐다는 생각도 들었다. 나는 일생에 한 번, 어쩌다 이렇게 하루 조사받는다고 하지만, 그들은 오늘처럼 온종일 서로 싸우고 헐뜯는 사람들 틈에서 매일 기 싸움을 해야 할 것이 아닌가! 장난이 아니다. 완전 3D 업종이다. 나는 시켜 준대도 못 할 것 같다. 조사를 마치고 건물을 나서는데 옆으로 후다닥 담당 검사가 뛰어갔다. 금세 시야에서 사라진 그의 모습을 찾아보니 저만치에서 배달 온 자장면 한 그릇을 받아 가지고 계산을 하고 있었다. 그렇게 종일 힘들게 일하고 집에도 못 가고, 나머지 일을 하는 모양이었다. 마치 그의 누나라도 된 듯, 아직 젊은 검사가 안쓰러웠다.

라이너 마리아 릴케의 명언. "꿈을 지녀라. 그러면 어려운 현실을 이길 수 있다." 이건 그냥 명언이 아니다. 내 실제 경험이 그 생생한 증거다. 평범한 가정주부로 살아온 나에게 '검찰 조사'란 두렵고 힘든 경험임이 분명했다. 사실 조사를 며칠 남겨 두고는 왠지 모르게 겁이 나서 잠도 잘 이루지 못했다. 조사받기 전 그동안 있었던 일을 한번 쭉 종이에 써 봤다. 증거 자료를 갖춘, 논픽션 드라마를 한 편 써 가기 시작했다. 생각만 하는 것과 직접 글로 써서 읽어 보는 것은 엄청난 차이가 있었다. 사실을 토대로 한 드라마에 조목조목 증거까지 갖추어 놓으니 이미 두려움은 사라지고 없었다.

그렇게 준비된 마음과 새로운 경험을 한다는 작가적인 발상은 그날의 조사를 즐기도록 해 주었다. 허름한 사무실 환경이며, 싸구려 책상, 두꺼운 법조문 등은 드라마에서 접한 검사실과는 사뭇 달랐다. 점심을 먹고 이를 닦는 조사관, 쉬지 않고 무언가 문서를 나르는 여직원, 조용히 앉아 조사를 지켜보는 검사. 우리들의 엄청난 사건은, 그들에겐 그냥 그날의 밀린 업무, 그 이상 그 이하도 아니었다. 그들은 드라마나 영화에서처럼 거대한 권력을 등에 업은 파렴치한도 아니고, 바늘로 찔러도 피 한 방울 안 나는 냉혈한도 아니었다. 그달 월급을 위해 주어진 일을 하는 평범한 공무원이었다.

나는 이제 내 인생 속에서만 허우적대며 사는 그런 여자가 아니었다. 시야를 넓혀서 사람들을 보고 그들에게 따뜻한 연민의 시선을 보내는 사람이 되어 가고 있었다. 우리는 모두 어차피 한 번의 인생을 산다. 태어나서 죽음으로 끝나는 정해진 인생. 처음과 끝 사이, 중간에 일어나는 모든 일은 죽을 일도, 다시 태어날 일도 아니다. 그냥 지나가는 일이다. 사는 데 급급해 우리의 소중한 시간을 의미 없이 흘려보내는 건 아닌가 고민해 보자. 넓게 볼 수만 있다면, 닥쳐오는 파도에 맞춰 즐거운 서핑도 가능하다.

우리 쪽에 유리하게 끝난 그날의 조사는 '증거 불충분으로 인한 혐의 없음'이란 결과로 돌아왔다. 그날 완패로 끝난 조사로 불안해진 상대측은, 기존의 변호사를 사임하고, 새로 지검장 출신의 변호사를 수임했다. 전해 듣기로는 억대의 수임료라고 했다. 결국, 기소를 주장했던 우리가 졌다. 어렴풋이 기억나는 TV 화면 속, "유전무죄. 무전유죄"를 외치던 한 인질범이 생각났다. 오손웰스는 "돈 버는 데 실패하면 범죄자로 분류되기 쉽다. 돈을 많이 버는 데 성공한 사람들은 범죄자로 분류되지 않는다. 범죄는 도덕적 분류가 아니라 계급적 분류다."라고 말했다. 과연 블랙코미디 같은 세상살이다. 그러나 그건 그리 중요한 일이 아니라는 걸 알게 되었다. 나는 더 큰 렌즈로 더 멀리 볼 수 있게 되었으니까 말이다. 세상에 반기를 들고 투쟁하기보다는 세상을 이해하는 편이 더 낫다….

07

내가 할 일은
잘 노는 거잖아

"핀란드 사람들은 단일 영법의 반복 훈련을 중시하는 것이
아니라, 아이들이 할 수 있는 방법으로 일정 거리를 완주하도
록 격려하고, 아이들이 원하는 대로 영법 또한 자유자재로 바
꿀 수 있게 하는 방식으로 수업합니다. 얼마나 빨리 헤엄치는
지, 정확한 자세를 지키는지는 중요하지 않습니다. 아이들이
진정으로 물을 두려워하지 않고, 자유롭게 호흡하며 물과 함
께 있는 동안 즐거워하면 그만이니까요."

『북유럽에서 날아온 행복한 교육 이야기』의 저자 첸츠화는
타이완에서 핀란드로 이민 가 6년 동안 살면서 핀란드, 스웨
덴, 덴마크, 노르웨이 등 북유럽 각지를 돌며 교육 강국의 면

모를 체험했다. 저서에서 말한 핀란드의 수영 수업 방식은 북유럽 국가들이 왜 교육 강국이 될 수밖에 없는지 짐작게 한다.

둘째가 5살 무렵 처음 수영 배우러 갔을 때 일이다. 당시 같은 어린이집을 다니던 아이들 4명이 모여 강습을 받았다. 그런데 그중에 한 남자아이 엄마는 자신의 아이가 다른 아이보다 빨리 실력 향상이 되지 않는 것에 상당히 속상해했다. 평소 대화 중에 그런 속상한 감정을 자주 말했고, 그로 인해 기분을 망치기도 했다. 급기야 얼마 후 강습을 그만두기까지 했다. 지금 생각해 보면 참 안타까운 일이다. 그냥 즐기면서 자연스럽게 늘도록 지켜봐 주면 되는 것을, 조바심내며 속상해하고 끝내는 그만두고 만 것이다. 그러나 그건 비단 그 엄마만의 잘못이 아니다. 경쟁 구도의 교육 환경에 있는 우리 중 누구도 그런 잘못에서 자유로울 수 없다. 그런 현상의 깊은 곳에 내 아이만 잘되어야 한다는 이기심만 있는 것은 아니다. 경쟁에서 내 아이만 뒤처지는 것은 아닐까 하는 부모의 걱정이 더 정확하다. 결국에는 모두 아이를 향한 사랑이다. 그러나 사랑이라 할수록 그 모양새나 방향이 바르게 되어야 한다.

유럽 대학의 평가 방식에는 조금 특별한 점이 있다. 1등부터 꼴찌까지 줄 세운 성적표가 아니란 것이다. 상대평가가 아닌 절대평가 방식, 정확히는 '누구보다가 아닌 이전보다 잘했다'라고 평가하는 방식이다. 학문의 시작으로 올라가 보면, 사실 상대평가라는 것은 의미가 없는 걸 알게 된다. 처음 학문이 발달하게 된 배경도 보다 나은 삶, 보다 나은 인간성을 위함이었다. 애초에 상대평가가 불가능한 것이다.

막내딸이 초등학교 1학년 때 일이다. 보통 엄마들은 아이가 초등학교 들어가기 전에 한글을 떼도록 5~7세부터 한글 교육을 시작한다. 하지만 나는 그러지 않았다. 몇 년 전부터 교육계는 학교에서 한글 교육을 책임지겠다고 했다. 딸아이가 입학할 학교에서는 새 학기 학부모 총회서부터 아이들의 무리한 선행학습을 자제해 달라는 당부와 함께 1학년 한글 교육에 관해 홍보했다. 그 당연한 걸 이제 하겠다며 말이다. 어쨌든 반가운 이야기였다. 그래도 바른 교육관을 가진 선생님이 계시는구나 하는 마음에 반신반의 믿어 보기로 했던 것이다. 물론 첫아이였다면 하지 않았을 모험이긴 하다. 학기 초 아이 반에서 한글을 전혀 모르는 학생은 민아뿐이었다. 첫 상담에서 아이의 담임선생님은 한글을 모르는 우리 딸의 얘기를 꺼내셨다. 나는 살짝 선생님의 말을 자르고는 이렇게 말했다.

"선생님, 정말 요즘 학교는 참 좋아진 것 같아요. 다 훌륭하신 선생님들 덕분이에요. 한글을 학교에서 가르친다고 홍보하시는 교장 선생님의 말씀 듣고 이제야 우리나라도 점점 교육이 선진화되어 간다고 느꼈어요. 그동안은 거의 사교육에 의존하고 있는 거나 다름없었잖아요."

당당히, 사실은 마음속으로 부들부들 떨면서도 의연한 척 말했다. 아이의 한글 문제로 상담하려 하셨던 선생님은 살짝 당황하신 것 같았다.

"아, 네. 어머니 그래서 전처럼 바로 한글 쓰기 하는 게 아니고 선 긋기부터 하고 있어요."

선생님이 말씀하셨다. 아이의 담임선생님이 아이들을 사랑하고 워낙에 친절하신 분이라 다행이긴 했지만, 혼자만 한글을 모르는 아이가 학교생활을 잘할 수 있을까 불안하기도 했다. 가끔 자기만 한글을 모른다며 아이가 의기소침해하면, "다른 애들은 다 엄마가 집에서 알려 줘서 아는 거야. 우리 민아는 혼자서 안 거니까 이 정도도 정말 대단하지."라며 칭찬했다. 그러면 우리 귀여운 막내는 자랑스러운 얼굴로 금방 뿌듯해하곤 했다. 학년이 끝나 가는 지금, 아이는 읽기는 물론이고 쓰기도 제법 잘한다. 친구에게 뇌물(?)을 써 가며 물어물어 수업 시간을 보내고, 집에 와선 언니들에게 질문폭격을 하며 다진 한글 실력은 일취월장으로 늘어 갔다. 스스로 노력해서 깨우친 한글은 아이에게 무한한 자부심과 즐거움을 주는 듯했다. 아이는 간판이나 길가의 표지판을 읽으며 어깨를 한껏 으쓱거리며 이렇게 말하곤 했다.

"아, 저쪽으로 가라고 이렇게 쓰여 있는 거구나!"

누군가 자신을 위해서 친절히 알려 주려고 써 놓은 글을 읽으며 행복해한다. '누구보다 잘하는 한글'이 아니고, '이전보다 잘하게 된 한글'은 아이를 진정 행복하게 하는 것 같았다.

막내는 아무래도 천재가 아닐까? 위인들이나 남기는 명언을 벌써 남겼다. 어느 날 아이들과 공부 얘기를 하고 있었다.

"민희는 수학을 참 잘해. 피아노도 잘 치고. 음악에 소질이 많은가 봐."
"맞아, 엄마! 진짜 민희 소질 있어."
"우리 민서는 공부도 잘하고 더욱이 인성이 끝내주지."

그 얘기를 듣고 있던 막내가 나한테 오더니 천진난만하게 이렇게 얘기하는 게 아닌가!

"엄마, 나는 노는 거 진짜 잘하지? 내가 할 일은 잘 노는 거잖아!"
"맞아! 너희는 잘 노는 게 할 일이지."

우리는 천진한 막내가 너무 귀여워 박장대소를 했다. 막내의 그 말은 가슴에 깊이 와닿는 최고의 명언이었다. 당시엔 웃고 넘겼지만, 곱씹을수록 단맛 나는 약초처럼 그 말의 진가를 점점 체험하고 있으니 말이다. 나도 결국엔 내가 좋아하는 놀이를 하고 있는 것이니까.

4장

공부

진실은
실로 불편하다

얼마 전 겪은 일이다. 책을 읽다가 분하고 화가 나서 나는 자리를 박차고 일어났다. 태어나 그런 경험은 처음이었다. 집 안에서 읽다 만 책을 붙들고 벌겋게 달아오른 얼굴로 이리저리 서성거리며 씩씩대던 내 모습이 생각나 웃음이 난다.

필립 C.맥그로는 법 심리학자이자 인생 전략가이다. 〈오프라 윈프리 쇼〉에서 시청자 인생 상담 코너로 명성을 얻었고 그 후 자신만의 독자적인 프로그램인 〈닥터 필 쇼〉로 큰 인기를 누렸다. 그는 미국 최고의 법률 컨설팅사인 '코트룸 사이언스'의 설립자이자 사장이며, 그의 저서들은 전 세계 39개 언어로 번역되어 3천만 부 이상의 판매량을 기록하기도 했다. 『인생은 수리가 됩니다』 저자의 화려한 프로필만큼이나 제목의 인상도 강했다. 제목 밑에 '반품은 안 되지만'이라고 쓰여 있는 부제목이 흥미로웠다. '와우! 인생이 수리가 된다고? 대박. 그렇지 않아도 내 인생 멋지게 고치고 싶었는데.' 나는 잔뜩 기대에 부풀어 책을 읽기 시작했다.

그러나 책 내용은 내 예상과 달랐다. 반 정도 읽었을 때까지도 마음은 계속 불편했다. 힘들게 한 줄 한 줄 읽어 가면서 저자에게 왠지 모르게 짜증이 났다. 계속 읽어야 하나 망설였다. '현실을 인정해라', '루저의 유형별 소개' 등의 목차 나열이 식상해 보이기까지 했다. 그러더니 마지막 펀치를 날렸다.

"모든 게 당신 책임이다."

얼마나 화가 나던지, 프로필에 실린 조그만 사진 속의 저자 얼굴을 보면서 생각했다. '교만한 표정 하며, 왠지 잘난 척하는 것 같아.' 내가 본 사진 속 저자는 그 어떤 이해도 할 생각이 없어 보였다. 저자가 내 옆에 앉아 있었다면, 한 소리 했을지도 모르겠다.

"당신이 나에 대해 뭘 압니까?"

"내가 겪은 일을 알기나 합니까?"

뜬금없는 화를 뿜으며, 변명을 늘어놓았을 것이다. 그를 붙들고 내가 겪은 일, 내가 받은 상처에 대해 밤새도록 이야기했을지도. 나를 위해 단단히 쳐 놓은 방어진이 저자의 말에 속수무책으로 무너졌다. 중반부를 넘어가자 내가 왜 그토록 흥분했는지 알게 되었다. 지금까지 힘들었던 삶이 모두 내 탓이라는 불편한 진실에 화가 났던 것이다.

"지각적 방어는 우리 마음이 감당하지 못할 거라고 판단하거나, 직면하기 싫어하는 것들로부터 우리 자신을 보호하려는 일종의 방어체계다. 당신도 들어 보았을 텐데, 감당하기 힘든 정신적 외상을 겪을 때 발생하는 이른바 '우호적 기억상실' 또는 '선택적 기억상실'이 바로 지각적 방어다."

저자의 핵심을 꿰뚫는 지적은 한 치의 양보와 연민도 없이 나의 가슴팍 정중앙을 찔렀다. 온통 붉은 책 표지 색만큼이나 자극적이었다. 그동안 내가 갖고 있던 가족들을 향한 피해 의식이 여과 없이 드러났다. 인정하기 싫었다. 하지만 저자의 말이 맞았다. 나는 직면하기 싫은 과거로부터 나를 보호하기 위해 일종의 방어체계인 지각적 방어를 작동하고 있었다. 내 잘못이 아니라고 회피하고 싶었던 거다. 그게 내가 그토록 분해했던 이유였다.

저자는 자신의 잘못을 인정하지 않는 한 문제를 개선할 수 없다고 했다. 그렇다. 누구보다도 나 자신이 더 잘 아는 사실이다. 하지만, 알고 인정함을 넘어서 직접 실천하려면 용기가 필요하다. 고통도 따른다. 아이를 낳기 위해서는 나의 가장 은밀한 부분을 쫙 벌린 다리 사이로 공개해야 한다. 부끄러움을 넘어선 용기가 필요한 일이다.

나의 가장 이기적인 편은 바로 나 자신이다. 내 잘못보다는 상황이나 남의 탓하기가 편한 것이 사실이니까. 내 안의 또 다른 나는 모든 것이 내 책임이 아니라고 한다. 그로 인해 얻는 보상이 있다. 바로 나란 사람에게는 아무런 문제가 없다는 안도와 자기방어에서 오는 편안함이다. 그러나 나 자신은 그 누구보다도 나를 잘 안다. 그 보상이 쓸모없음을 알기에 더 불편하다. 짜증이 나지만, 인정해야 한다. 어디가 아픈지 무엇이 문제인지 말해야 의사에게 제대로 처방받을 수 있다. 컴퓨터가 고장 나서 수리점에 찾아가면 수리 기사는 컴퓨터를 분해해 속을 본다. 꺼내어 봐야만 고장 난 곳을 수리하고, 문제를 해결할 수 있다. 무엇보다도 나 자신을 위해서 말이다. 그러나 그 불편함을 견디기가 생각보다 쉽지 않다.

120쪽까지 읽다가 나는 그만 책을 덮어 버렸다.
진실은 실로 불편하다.

요즘 손목 긋는 게
유행인가?

"영미야 일어나! 영미야! 영미야!"

철없던 시절 나는 자살 시도를 했다. 왼쪽 손목에 면도칼로 상처를 내고, 침대에 누워 잠이 들었다. 천국? 아니면 지옥? 죽음의 어느 골짜기에서 저승사자가 나를 부르는 줄 착각했다. 눈을 떠 보니 언니가 울면서 나를 깨우고 있었다. 그길로 언니와 병원에 갔다. 그리고 손목 상처를 꿰매는 응급처치를 받았다. 그때까지 나는 나 자신을 비련의 여주인공쯤으로 여기고 있었다. 불현듯 그런 나를 나무라는 누군가의 목소리가 들렸다.

"요즘 손목 긋는 게 유행인가? 이번 주만 해도 몇 명인지 모르겠네. 하여간…."

깜짝 놀라 음성의 발원지를 찾으니, 바로 나를 치료해 주고 있는 내 앞의 의사였다. 지금까지 슬픈 감정에 휩싸여 있던 나의 정신이 번쩍 들게 하는 '번개' 같은 일침이었다. 나를 위로해 주기는커녕, 오히려 비아냥거리고 있는 그 의사에게 불같은 화가 치밀었다. 나는 의사를 쳐다보며 말했다.

"이거 보세요, 의사 선생님! 남의 일이라고 그렇게 함부로 얘기하는 거 아닙니다. 의사 선생님도 앞으로 살면서 어떤 일이 생길 줄 알고 그렇게 쉽게 말하는 건지 모르겠네요. 아무것도 모르면서 웃기지도 않네요."

너무 화가 났다. 그래서인지는 몰라도 정신이 번쩍 들었다. 내가 아니면 누가 나를 변론해 줄까? 세상에서 제일 무서운 게 '말'이라는 것도 모르는 듯, 쉽게 내 가슴에 칼을 들이대는 의사로부터 '나를 보호해야겠다'는 생각을 했다. 하지만 이제 와서 다시 생각해 보니 그 의사가 참 고맙게 느껴진다. 의사는 바보처럼 자신을 망가뜨리고 있는 나를 향해 나팔을 불었다. 나는 꿈속 세상에서 화들짝 깨어났다. 의사 선생님 덕이었다.

> "하나님이 이르시되 그가 나를 사랑한즉 내가 그를 건지리라 그가 내 이름을 안즉 내가 그를 높이리라."
> — 시편 91편 14절

어릴 때 나는 심한 우울증을 앓았다. 물론 병은 사람을 둘러싼 환경에서 오는 경우가 대부분이지만, 생각해 보면 우울증은 인간이라는 모든 생물체에 잠재해 있는 병이기도 하다. 고요히 잠자던 그놈은 삶에 고난이 닥쳐오면 여지없이 머리를 쳐들고 우리를 괴롭힌다. 믿고 있던 그 무엇인가를 잃어버린다든가, 사랑하는 사람들에게 외면당했을 때, 자신의 힘으로는 어찌할 수 없는 상황으로 내몰릴 때. 아무런 삶의 희망도 보이지 않는 순간, 우리는 우울함에 사로잡힌다. 내가 쓸모없는 인간은 아닐까? 사람들 무리 반대편에 서서 비주류로 살아가게 될까 두렵다. 그런 두려움은 커다란 블랙홀처럼 나를 끝도 없는 나락으로 떨어뜨린다. 세상의 모든 것이 희망으로 가득 차 이루지 못할 게 없을 것 같다가도, 곧 어두운 그림자가 드리운다.

그럴 때 나는 성경을 읽는다. 일종의 극약 처방이라고나 할까?

시편은, 성경책이 이래도 되나 싶을 정도로, 악인에 대한 비방과 저주로 가득 차 있다. 시편은 다윗이 쓴 글이 대부분인데, 그의 삶을 보노라면 이러한 서술이 이해가 되기도 한다. 젊은 날, 그는 자신이 주군으로 믿고 충성을 다했던 왕, 사울에게 목숨을 위협받고 왕이 된 후에는 아들이 자신을 죽이려고 하는 상황에까지 처한다. 그 자신조차도 충신의 아내를 범하는 죄를 지었다. 그 사이에서 태어난 아들이 유명한 솔로몬 왕이다. 그러나 그렇게 나락으로 떨어질 때마다 하나님께 적들을 비방하고, 자신의 죄를 회개하며 기도한다. 씻을 수 없는 죄악에 몸부림치면서도 결국엔 자신도 똑같은 죄인임을 깨닫고 하나님께 매달린다. 그러면 하나님께서는 그런 그라도 늘 사랑한다고 말씀하셨다.

상대방의 잘못을 찾고 비방하기는 아주 쉽다. 그러나 자신의 잘못을 깨닫고 고치기란 여간 힘든 일이 아니다. 소크라테스의 "너 자신을 알라."라는 유명한 말도, 세상 최고의 악인도 자신이며 최고의 의인도 자신임을 깨달으라는 뜻이다. 똑같은 의미의 말이 성경에도 있다. "어찌하여 형제의 눈 속에 있는 티는 보고 네 눈 속에 있는 들보는 깨닫지 못하느냐." 마태복음 7장 3절 말씀이다. 남의 잘못과 죄를 보기보다는 자신의 흠을 보라는 말이다. 또한 다른 이의 위대함과 장점만 보지 말고 자신의 가치와 소중함을 알라는 의미도 있다. 이유는 아주 간단하다. 인생의 주인은 바로 자신이기 때문이다.

가만히 눈을 감아 보자. 그러면 아무것도 보이지 않는다. 다시 눈을 뜨면 자신이 있는 곳의 풍경이 보일 것이다. 사랑하는 사람 혹은 미워하는 사람이 보인다. 그럼 당신은 누구를 보겠는가? 당장 사랑하는 사람이 눈앞에 없다면, 있는 힘껏 달려 사랑하는 사람에게 가길 바란다. 아무리 둘러보아도 사랑하는 사람이 없거든, 세상에 날 위로해 주는 이가 없다고 느낀다면, 성경을 읽어 보길 바란다. 그럼 언제까지나 당신을 사랑할 이가 당신에게 말할 것이다.

"네가 나를 사랑한즉 내가 너를 건지리라. 네가 내 이름을 안즉 내가 너를 높이리라."

성장은
고통스럽다

따뜻하고 안락한 우주와도 같은 공간인 엄마 배 속에서 숨 막히는 좁은 통로를 통해 세상 밖으로 나오면, 아기는 떠나갈 듯 울음을 터트린다. 성장통을 겪는 아이들은 밤잠을 못 이루기도 한다. 세상을 다 얻은 것같이 사랑하던 연인도 언젠간 시련의 고통에 몸부림친다. 나이가 들어 노안이 오면, 상실감을 느낀다. 부모님의 장례식장에서 우리는 더 이상 기댈 곳도, 원망할 대상도 없음에 절망한다.

"미식축구에 관한 것이 아니야. 터치다운 득점에 관한 것도 아니고, 연승에 대한 것도 아니고, 중요한 건, 너희 성장에 도움이 되는 방향으로 밀어주는 거다. 그래서 너희가 세상으로,

사회로, 지역사회로 나갈 때, 믿을 수 있는 사람들이 되도록 하는 거다."

우연히 공짜영화를 한 편 보게 되었다. 토마스 카터 감독의 《151경기(STANDS TALL)》였다. 실화를 바탕으로 한 스포츠 영화였다. 미국 켈리포니아주 리치몬드에 있는 '드라셸'이라는 고등학교 미식축구팀은 무려 150회 연승이라는 대기록을 세우고 있었다. 그 중심에는 젊은 감독 밥 라두서가 있었다. 그러나 그런 연승행진에도 먹구름이 드리워졌다. 유명 대학으로 진학을 앞둔 선수가 사고사를 당했고, 한 선수는 유일한 가족인 엄마를 병으로 잃고 방황했다. 엎친 데 겹친 격으로 젊은 감독은 병으로 쓰러져 더는 팀을 가르칠 수 없게 되었다. 결국, 팀은 연승 기록을 유지하지 못하고 어이없게 패배의 쓴잔을 마신다. 연승의 달콤함에서 오는 자만과 연승 유지의 압박이 팀원 전체를 분열시키고 방향을 잃어버리게 한 것이었다. 그러나 그런 아픔을 통해 그들은 더 중요한 것이 무엇인지 깨닫게 된다.

절망의 끝에 서 있던 '드라셸'은 고통 속에서 서로에 대한 사랑과 믿음을 깨닫는다. 그리고 각자 팀의 일원으로서 서로에게 믿음을 줄 수 있도록 변화해 간다. 서로를 믿고 자신의 역할을 해나가면서 다시 하나가 된다. '드라셀'은 좌절을 딛고 마침내 151번째 승리를 거둔다. 그리고 그들은 사회에서 믿을 수있는 한 사람으로 성장한다.

고등학교 미식축구에 관한 단편적인 이야기다. 그러나 그 안에 담긴 메시지, 여전히 우리 삶의 숙제이기도 한 이야기의 메시지는 절대 단편적이지 않았다. 우리는 사소한 일에서 아주 중요한 진리를 깨우치기도 한다. 닥친 현실에서 벗어나기란 누구에게나 쉽지 않다. '언 발에 오줌 누기'라는 다소 코믹한 말속에서도 우리는 알 수 있다. 그러나 우리가 이루려고 하는 크고 작은 성공들은, 단지 그 성공들로 인해 얻어지는 부와 명예를 위한 것이 아님을 알아야 한다. 우리가 살아가는 목적도 그런 것들에 있으면 안 된다. 배움과 깨달음, 그리고 성공은 개인의 안락함과 행복을 위한 것이 아니다. 우리가 사회에 나갔을 때, 다른 이에게 믿음을 줄 수 있는 사람이 되기 위함이다.

안락한 엄마의 자궁 속을 떠나 세상 밖으로 나왔을 때, 우리는 아픔과 두려움에 하늘이 떠나갈 듯 울음을 터트렸다. 그러나 두려움과 아픔을 견디고 나면 파란 하늘과 드넓은 세상이 펼쳐진다. 몸이 자라면서 절뚝거릴 만큼 다리가 아파 와도 우리는 "어. 키 크느라고 그래."라며 달래는 엄마의 한마디에 아픔을 질끈 참는다. 그리고 10cm는 훌쩍 큰 자신을 상상하며 자랑스러워한다. 시련의 아픔은 조금 더 성숙하고 책임감 있는 사랑의 기반이 된다. 안경을 써야 책을 볼 수 있지만, 책 읽는 재미를 알게 되어 더 행복하다. 부모님을 떠나보낸 상실감에 슬프고 두렵지만, 그때야 비로소 진정한 부모가 되고 더 성숙한 어른이 된다.

성장에는 고통이 따른다. 때론 고통이 너무 심해 그만 인생의 막을 내리고 싶은 충동을 느끼기도 한다. 다가올 고통이 두렵기도 하다. 하지만 우리는 모든 과정을 이겨내고 성장할 것이다. 고통과 좌절 뒤에는 반드시 성장한 내가 있음을 잘 알기 때문이다. 혹시 이 책을 읽는 당신이 실패와 좌절 속에 고통받고 있다면, 지금 성장하고 있음을 깨닫기 바란다.

나는 지금도, 고통 속에서 눈물을 찔끔거린다.
성장하고 있나 보다.

04

지금 알게 된 걸
그때 알았더라면

지하철 안, 경로석에 나란히 앉은 할머니 두 분이 대화를 나눈다.

"아이고. 자기, 어디 아픈 데는 없어?"

"어디요? 여기저기 안 아픈 데가 없지요. 그런데 언니는 요?"

"나도 그렇지 뭐. 노인네는 안 아픈 게 복인데. 그런데 자기 는 피부가 아기 피부 같아 어쩌면."

"아니에요. 오히려 언니 피부가 주름도 하나도 없이 팽팽하 신데요, 뭘."

대화하는 할머니 두 분은 딱 보기에도 60세가 훨씬 넘어 보였단다. 하지만 서로 더 젊어 보인다며 위로 아닌 위로를 하고 계셨단다. 그냥 보기에는 두 분 다 그저 할머니로만 보이지만, 한 분은 아직도 아기 피부 같은 동생, 한 분은 주름살 하나도 없는 동안의 언니였다.

오래 알고 지낸 동생은 타고난 유머 감각으로 얘기를 참 재 있게 했는데, 어느 날 지하철을 타고 오다 만난 두 할머니의 얘기를 해 주었다. 어찌나 실감 나고 재미있던지 아직도 귀에 생생하게 들리는 듯하다. 그때는 그냥 재미있는 이야기에 웃고 말았다. 그러나 이제 와 떠올려 보면 참 많은 것을 생각하게 하는 얘기다. 우리가 보기엔 두 분 모두 그냥 할머니겠지만, 그분들 입장이 돼 보면 생각이 달라진다. 언니 할머니께는 동생 할머니가 한없이 어리고 젊어 보였을 테니 말이다. 그분들께 40대인 나는 또 얼마나 어리게 보일 것인가?

나의 스무 살은 그저 불안하고 철없기만 했다. 그때 나는 새로 고등학교 3학년이 된 후배들을 보며 생각했다. '대입을 끝낸 나는 이제 구닥다리구나' 하고. 더는 교복 입고 발랄하게 뛰어다니는 하이틴 소설 속의 여주인공이 아니었다. 풋풋한 소녀가 아닌, 세상의 모든 고민을 짊어진 어른이었다. 그때 나는 미래를 준비하는 시기가 끝난 것 같은 느낌이 들었다. 고등학교 마지막 학년을 때늦은 사춘기 방황으로 보냈다. 이름도 들어 보지 못한 전문대도 엄마가 원서를 넣어 준 덕에 겨우 갈 수 있었다. 지방의 전문대는 별 볼 일 없을 내 인생의 복선과도 같았다. 어차피 그저 그럴 인생 신나게 놀아나 보자는 생각에 20대를 온통 즐기면서 보냈다.

20대 끝자락에 결혼해서 평범한 주부로 살게 되었다. 남편 사업은 잘되고, 아이들은 건강하게 자랐다. 이대로라면 내 삶은 영원히 행복할 것 같았다. 하지만 곧 위기가 찾아왔다. 위기는 언제나 이제 되었다고 안심할 때쯤, 달콤한 행복에 방심하고 있을 때쯤 찾아왔다. 그러나 우리를 위험에 빠뜨리기 위해서가 아님을 알아야 한다. 계속 변화하는 세상 속에서 삶의 의미를 잃어버리고 하루하루 살다 보면 우리는 곧 길을 잃게 된다. 가는 시간 속에 우리의 몸과 마음이 변한다. 삶도, 우리의 인생도 계속 변화하고 앞으로 나아가고 있다. 달콤한 일상에 취해 잠시 걸음을 멈추고 자리에 앉으면, 머지않아 위기가 찾아온다. 그 위기는 오히려 멈춰 버릴 뻔한 내 삶을 밀어주는 촉매가 된다. 이를 알게 되기까지 오랜 기간 상처로 힘들어했다. 인생을 시작하는 청춘임을 모르고 종착역인 양 눈물을 짜고 있었던 셈이다.

40대. 지금 내 나이는 꿈을 꾸기도, 그렇다고 꿈을 포기하기도 애매한 나이다. 하지만 동생이 전해 준 두 할머니의 이야기를 듣고 중요한 사실을 하나 깨달았다. 60대의 어느 할머니에겐 자신보다 조금 어린 할머니의 피부가 그렇게 탱탱해 보인다는 것을. 스무 살 시절, 나는 스스로가 너무 늙어 버린 것처럼 느꼈다. 그래서 더는 나에게 기회가 없을 줄 알았다. 지나고 보니 더 큰 꿈을 갖고 도전해도 모자랄 나이였는데 말이다. 그러나 후회하지 않는다. 아직 나에겐 기회가 있기 때문이다. 60대의 내가 40대인 나에게 이야기한다.

"그래, 하고 싶은 게 있다면 지금 시작해. 넌 내 나이까지는 아직 멀었잖아. 넌 이제 철없고 불안한 20대도 아니고, 살아온 삶과 지혜로 인내도 할 줄 알게 되었지. 넌 뭐든 잘 해낼 거야."

———— 마흔 넘은 여자는 무슨 재미로 살까?

20대 때, 스쳐 지나가는 아줌마들을 보면서 이런 생각을 한 적이 있다.

'40대 여자들은 도대체 무슨 재미로 살까?'

다 늙어 버린 여자의 삶이란 도대체 즐거울 것 같지 않았다. 그러나 지금, 40대인 나는 즐겁다. 젊음을 잃은 만큼 경험과 지혜를 배로 얻었다. 어리고 예쁘지는 않지만, 그보다 더 높은 차원의 아름다움을 알게 되었다. 영국의 비평가이자 사회 사상가인 존 러스킨은 이렇게 말했다.

"인생은 흘러가는 것이 아니라 채워지는 것이다. 우리는 하루하루를 보내는 것이 아니라 내가 가진 무엇으로 채워 가는 것이다."

나이가 들어갈수록 우리의 인생은 무언가 소중하고 아름다운 것들로 채워진다. 경험과 깨달음은 우리에게 더없이 소중한 보물이 된다.

누구나 다 아는
백만장자 되는 법

사회생활을 처음 시작하는 1,500명의 중산층에게 물었다.

"직업과 직장을 선택하는 기준이 무엇입니까?"

그랬더니 전체의 83%인 1,245명이 '많은 봉급과 빠른 승진'이라고 답했다. 그리고 단 17% 정도인 255명만이 '자신이 하고 싶은 일'이 그 기준이라고 답했다. 그로부터 20년이 지난후, 질문을 받았던 1,500명 중에서 101명의 백만장자가 나왔다. 백만장자 101명 중 1명을 제외한 나머지 100명의 백만장자는 전체의 17%였던 '하고 싶은 일'이 자신이 직업과 직장을 선택하는 기준이라 답한 이들이었다.

『단 한마디 말로도 박수받는 힘』의 저자 강헌구 교수는 20여 년간 2,000여 회 넘게 강연한 자타공인 '스타강사'이다. 이 책에 소개된 저자의 강연 내용은 여러 가지 생각을 불러일으켰다. 저자는 이 이야기가 누구나 다 아는 진부한 팩트가 되었다며 자신의 인용 사례를 이야기했다. 그렇다. 굳이 숫자를 동원해 말하지 않더라도 우리는 알고 있다. '자신이 좋아하는 일'을 하는 사람이 성공할 가능성이 더 크다는 사실을 말이다. 그런데 왜 우리들은 그렇게 살지 못할까? 그렇게 살지 못하는 80% 이상의 사람들은 바보일까? 아니면 모두가 의지박약인가?

나는 오히려 그 80%의 사람들을 따뜻한 시선으로 바라봐주고 싶었다. 사람들은 모두 자신이 하고 싶은 일을 하면서 살고 싶어 한다. 그러나 주변 여건이, 집안 형편상, 여러 가지 제약들 때문에 좋아하는 일만 하며 살 수는 없는 것이 현실이다. 나는 아이처럼 남편에게 자주 묻곤 했다.

"당신은 꿈이 뭐야?"

그러면 남편은 대답을 제대로 하지 않았다. 그냥 장난삼아 "난 그냥 놀고먹는 거."라고 말한 적도 있는데 그때는 참 서운했다. 진지하게 묻는 나에게 장난처럼 말하는 남편이 야속했다. 그러나 요즈음엔 좀 느끼는 바가 있다. 남편은 중학교도 제대로 졸업하지 못하고 사회생활을 시작했다. 자신을 버리고 떠난 아버지와 돈 벌러 나가 종일 집을 비워야 했던 어머니 사이에서 그는 언제나 혼자였다. 학교에서 돌아오면 어머니가 아랫목 담요 안에 넣어둔 공깃밥과 김치 반찬 하나에 밥을 먹었다. 어두운 방 안에서 유일한 친구는 TV뿐이었다. 결국, 극심한 외로움을 견디지 못한 어린 소년은 집을 나왔다. 그리고 춥고 배고픈 거리에서 친구들, 형들과 지냈다. 남편의 중학교 친구의 말을 빌리자면, 남편은 학교를 넘어 마포구 일대에 유명한 '짱'이었다고 한다. 평범한 학생은 범접할 수도 없는 아이들의 왕이었단다. 무서울 것도 돌아갈 곳도 없는 어린 소년은 거친 동물의 세계에서 생존하는 법을 배웠다.

그는 아직도 생존 중이다. 이제는 자신의 몸 하나뿐이 아니고 아내와 딸 셋의 생존이 자신에게 달려 있음을 절감한다. 그러고 보니 꿈이 놀고먹는 것이라던 남편의 말은 진심이었다.

『꼭 한국에서 살아야 할 이유가 없다면』의 저자 레이첼 백은 해외 취업의 꿈을 안고 세계 여러 나라를 다녔다. 그러나 동양인이라는, 비주류라는, 영어가 서툴다는 이유 등으로 많은 난관에 부딪혀야 했다. 그런데도 그녀는 꿈을 놓지 않았다. 세상을 향해 당당히 말했다.

"꿈이 꼭 직업과 같을 필요는 없다."

그녀는 처한 상황에 충실하며 꿈을 포기하지 않았다. 나도 마찬가지로 오롯이 글만 쓸 수 있는 상황은 아니다. 주부이기 때문이다. 직장인들과 마찬가지로 할 일이 쌓여 있다. 지금은 비록 내 시간을 모두 들여 글을 쓸 수 없지만, 언젠가는 그런 날이 오리라 믿는다. 처한 상황이, 내가 좋아하고 하고 싶은 일만 하고 살 수 없는 상황이라 하더라도, 절대 희망의 끈을 놓지 말아야 한다. 언젠가는 반드시 기회가 올 것이기 때문이다. 백만장자가 못 된들 어떤가! 좋아하는 일을 하며 사는 것만으로도 충분히 행복할 수 있다. 또 누가 알겠는가? 나에게 백만장자가 될 기회가 올지도.

'많은 봉급과 빠른 승진'이 최대의 관심사일 수밖에 없는 세상의 모든 가장을 응원한다.

그리고 그들에게도 말하고 싶다.

"그럼에도 불구하고 꿈으로 직진."

06

성공의 길에는
엘리베이터가 없다

1970년대 인기를 끌었던 히어로 원더우먼을 기억하는가? 슈퍼맨에 버금가는 슈퍼우먼이었던 '원더우먼'은 1941년, 당시 '슈퍼맨', '배트맨'으로 인기를 끌었던 DC코믹스가 원더코믹스 잡지사의 '원더맨' 캐릭터를 모방한 모사품이었다. 원더코믹스는 DC코믹스가 자신들의 캐릭터를 표절했다고 고발했지만, 받아들여지지 않았다. 원더우먼은 빼어난 외모와 투명 비행기, 황금 밧줄, 총알도 막아내는 팔찌 등 누구라도 탐낼 만한 전용 아이템들을 사용하며 세계 최고의 헤로인으로 사랑받았다. 지금도 여전히 전 세계 여성성의 대표 캐릭터인 원더우먼이, 표절과 짝퉁 모사품 논란의 중심에 있었다는 사실을 나는 나중에 알았다. 작지 않은 충격이었다.

뭇 남성들의 이상형이자 여자들의 로망인 원더우먼은 외모와 인성, 그리고 힘까지 모든 것이 완벽한 여자다. 그러나 그녀는 실존 인물이 아닌 만화 캐릭터다. 게다가 그 시작은 너무도 초라한 짝퉁 모사품이었다. 현실 세계에서 그녀를 닮아 간다는 건 불가능할 것 같다. 그래도 나는 꿈꿔 본다. 처음엔 짝퉁 모사품이었을지라도 결국, 엄청난 힘을 가지게 된 원더우먼이 되는 꿈을 말이다.

한 소설가가 있었다. 그는 자신의 초기작을 비판하며 우울해했다.

"내가 쓴 첫 소설이 너무 유치한 것만 같습니다. 누구보다 위대하고 멋진 작품을 쓰고 싶었습니다. 그런데 이렇게 초라한 소설을 쓰고 말았습니다. 정말 부끄럽기 짝이 없습니다."

그런 그의 말을 듣고 있던 체호프는 조용히 그에게 다가가 말했다.

"그렇지 않습니다. 당신은 우울해할 필요가 전혀 없습니다.

오히려 당신은 기뻐해야 합니다. 그것은 아주 순조로운 출발이니까요. 만일 당신이 처음 쓴 소설이 명작이라면, 최고의 작품이라면, 당신은 더 이상 쓸 게 없지 않겠습니까."

우리는 항상 성공에 집착한다. 거기에 인내심까지 없다. 싹을 틔우고 꽃도 피기 전에 열매부터 얻기를 원한다. 처음 글을 쓰는 동안엔 나 또한 그랬다. 엄청나게 멋진 책을 쓰고 싶어 몸부림을 쳤다. 열매를 얻으려 시작했건만, 초라한 떡잎은 참을 수가 없었다. 그렇다고 처음엔 그냥 아무렇게나 해도 된다는 말은 아니다. 최선은 다해야 하지만, 시작부터 완벽함을 바라지는 말아야 한다. 그 마음은 첫술에 배 부르려는 욕심일 뿐이다.

정치, 경제, 문학, 지리, 의학, 철학, 교육학, 군사학, 자연과학 등 거의 모든 학문에 걸쳐 492권의 저서를 남긴 조선 시대 최고의 학자 정약용은 유배지에서 대부분의 명저를 저술했다. 당시의 사람들은 정약용이 이미 실패했다고 생각했을 것이다. 그러나 그는 그렇지 않았다. 유배지에서 조용히 글을 읽고 사색하는 시간을 오히려 감사하게 생각했다. 그는 늘 마음속에 이런 생각을 품고 책을 썼다고 한다.

"단 한 명만이 내 책의 가치를 알아 준다 하더라도, 나는 그것으로 족하다."

그러나 그런 소신과는 달리 그의 책들은 당대에 실학을 집대성하는 업적을 남겼을 뿐만 아니라, 오늘날까지 정치와 경제, 사회, 그리고 우리 문화 전반에 걸쳐 영향력을 행사하며 활용되고 있다.

'칠전팔기'
'실패는 성공의 어머니'
'천 리 길도 한 걸음부터'

무수히 많은 명언에 둘러싸여 있음에도 우리는 여전히 모른다. 느린 걸음으로 한 계단, 한 계단, 걸어 올라가야만 성공에 도착할 수 있다는 걸 말이다. 엘리베이터를 타고 올라간 것은 성공이 아니라, 성공처럼 보이는 허상일 뿐이다. 성공의 길에는 엘리베이터가 없다. 성공은 1 더하기 2는 3이 되는 수학이 아니다. 1에서는 2가 성공이고 2에서는 3이 성공이다. 실체가 없이 변하는 것이다.

——————— 마흔 넘은 여자는 무슨 재미로 살까?

07

뭐 하고 놀지를
고민하라

나는 요즘 작가 놀이에 푹 빠져 산다. 때마침 노안으로 나빠진 눈 덕분에(?) 안경을 쓰게 되었다. 거울 속에 비친 내 모습이 그럴듯한 작가처럼 보인다. 읽든 안 읽든 책을 항상 손에 들고 다닌다. 언제 어느 곳에서든 짬이 나면 책을 펴서 읽다 보니, 일상생활 중에도 책 한 권을 금방 읽어 낸다. 가끔 지인 중에 나를 놀리는 이들도 있다.

"요즘 책 쓴다고 너무 고상하게 책만 읽으시는 거 아닙니까?"

잠깐 기분이 나빠지려 하다가도 이내 웃어버린다. 고상한 척하는 게 사실이기 때문이다. 구름 한 점 없이 화창한 날씨에는 길을 가다 하늘을 보면서 행복해한다. 천천히 걸으면서 자연을 느끼고 감상하다 보면, 정말 시라도 줄줄 욀 듯 뇌가 말랑말랑해지는 느낌이다.

생활에 여유가 생겼다. 항상 책을 들고 다니다 보니, 조금이라도 기다려야 하는 상황이 되면 오히려 즐겁다. 전처럼 조바심을 내 거나 짜증 내지 않는다. 원래 같았으면 외출준비 하는 아이들 기다리는 게 힘들었을 텐데, 기다리는 동안 책을 읽다 보니 '조금 더 늦게 나오지' 하고 아쉬워하는 날도 생겼다. 책 속에는 나와 다른 시공간에 살았던 한 인간의 영혼이 담겨 있다. 나는 그 영혼을 통해 나의 뇌와 마음이 지금의 현실을 넘어 확장됨을 체험한다. 이젠 사소하고 작은 일에는 좀처럼 화가 나지 않는다.

우리 집 주방에는 작은 책상이 하나 추가되었다. 집안일을 하거나 가족과 밥을 먹고 난 후, 아니면 식사 중에도 책을 읽을 수 있고 글을 쓸 수 있도록 환경을 바꾼 것이다. 역시 주부의 놀이터는 주방이니까. 덕분에 책상 한쪽에 마구잡이로 쌓아 놓은 책들이 인테리어 효과를 준다. 색색의 책 표지는 나의 호기심을 유발해 독서로 이어지고, 그로 인해 지적인 행복감을 얻는다. 저녁에 퇴근한 남편이 "어이 김 작가!" 부르며 나를 놀린다. 나는 웃으며 농담을 받아 준다. 놀이엔 또 누군가를 놀려먹는 개구쟁이가 있어야 제맛이긴 하니까 말이다.

학교를 졸업하고 사회에 나오는 순간 우리는 느낀다. 그래도 공부가 쉽구나 하고. 고학력자 실업률이 높은 요즘 대학원 진학은 일종의 필수 코스가 되었다. 대학만 나와서는 취업이 힘들다 보니, 조금이라도 여유가 있다면, 대학원에 진학한다. 여유가 없더라도 갈 곳이 없어 가는 경우도 허다하다고 한다. 학창 시절엔 몰랐던 공부에 대한 열정을 이제야 발견한 나는 요즘처럼 공부가 재미있었던 적이 없다. 시험을 치르기 위한 공부가 아니다 보니 더욱 매료된다. 사람에게는 기본적으로 배움의 욕망이 잠재해 있다. 배울 거리가 생기면 호기심이 발동하고 우리의 뇌에서 '도파민'이 발생하여 뇌 신경세포들을 활성화한다. 활성화된 신경세포는 뇌를 활력 있게 만들고 기쁨이나 즐거움을 유발한다. 옷과 가방들로 가득했던 나의 드레스룸이 점점 책들로 채워지고 있는 사실만 해도, 내 의지가 아닌 '도파민'의 소행임이 틀림없다. 한마디로 호기심과 그 호기심을 채우는 활동은 우리를 행복하게 한다.

요즘 자주 찾는 재미난 놀이터는, 도서관이나 서점이다. 집 근처 서점이나 파주에 있는 도서관에서 놀곤 하는데, 그곳에 가면 다양한 친구들을 만날 수 있다. 연예인보다 유명한 공자나 소크라테스 같은 옛날 친구도 있고, 한강이나 이기주 같은 요즘 친구들도 많다. 그들과 만나 대화를 나누곤 하는데, 가끔 그 얘기가 너무 재밌어서 눈을 못 떼는 경우도 있다. 얼마 전 서점에서 만난 친구 한 명이 있다. 『리딩으로 리드하라』라는 책을 쓴 이지성이라는 작가다. 그는 시끄러울 정도로 열정적으로 인문학 고전에 관해 말했다. 나는 그날 두어 시간 만에 그 책을 다 읽어 버렸다. 어찌나 재미있었는지, 그 책에서 소개한 우리나라와 중국, 그리스, 로마의 고전을 어마어마하게 사들였다.

요한 하위징아는 『호모 루덴스』라는 책에서 놀이에 대해 이같이 말한다.

"놀이는 문화의 요소가 아니라, 문화 자체가 놀이의 성격을 띤다. 모든 문화의 기원에서 놀이적 성격이 발견된다. 인간의 공동생활은 상당 부분 놀이의 요소를 가지고 있다."

우리 생활의 모든 부분을 놀이로 인식한다면 우리는 언제나 호기심을 일으킬 수 있다. 그리고 그 호기심을 채워 가면서 행복감을 느낄 수 있다. 생을 다해 곧 죽는다고 가정하자. 그럼 당신은 무엇을 후회하겠는가? 더 열심히 공부하지 못한 것? 더 많은 돈을 벌지 못한 것? 재벌 2세와 결혼하지 못한 것? 아니다. 답은 모두가 안다.

P. 총거스는 이런 말을 했다.

"임종하는 순간에 '사업에 좀 더 많은 시간을 쏟았더라면 좋았을 텐데' 하고 후회하는 사람은 아무도 없다."

죽음이 임박해서 삶을 돌아보면, 지나간 그 시간이 모두 놀이에 지나지 않았다는 걸 알게 된다. 왜 더 즐겁게, 행복하게 놀지 못했던가를 후회할 것이다. 이런 관점에서 꿈이란 것도 사실 별것 아니다. 그냥 뭐 하고 놀지 정하는 일이다. 아직도 '열심히만' 살고 있는 당신!

이제 남은 인생 뭐 하고 놀지를 고민하라!

08

인생 최대의
고민은 뭘까?

"당신의 생각이 맞아요. 약 500년 후에는 태양 중심의 우주가 수없이 많다는 걸 알게 돼요. 과학의 눈부신 발달로 많은 것이 바뀌죠. 하늘을 나는 비행기를 타고 전 세계를 여행할 수도 있고, 손바닥만 한 기계로 세계 여러 나라 사람들과 통화도 할 수 있죠. 그리고 컴퓨터란 작은 노트만 한 기계로 모든 걸 할 수 있게 돼요."

만약 1500년대로 가 코페르니쿠스를 만나 그의 주장이 모두 사실이라고 말해 준다면 어떨까? 지금 시대에 일어나는 모든 일을 가감 없이 들려주면, 그는 과연 내 말을 믿을까? 아마 나를 미치광이라고 생각할 것이다. 어쩌면 마녀로 몰려 화형을

당할 수도 있겠다. 그럼 앞으로 500년 후를 상상해 보자. 상상이 잘 안 된다. 500년 후 사람들은 지금의 우리는 상상도 할 수 없는 세상에서 살고 있으리라. 그러니 과연 어떤 것은 가능하고 어떤 것은 불가능하다고 지금 단정할 수 있을까?

요즘 출시되는 자동차에는 혼자서 차선을 인식하고 속도를 조절하는 자율주행 기능이 있다. 자율주행하는 차 안에서 나는 어릴 적에 보았던 TV 외화 시리즈가 생각났다. 1985년 KBS2 TV에 인기리에 방영된 〈전격 Z작전〉이라는 외화 시리즈였다. 주인공이 시계에 대고 "키트 빨리 와." 하고 말하면 어디선가 자동차가 나타나 주인공을 도와 나쁜 사람들을 잡는 내용이었다. 그러나 불과 30여 년 만에 그 만화 같은 이야기는 현실이 되었다. 파블로 피카소는 이렇게 말했다. "상상할 수 있는 모든 것이 현실이 된다." 세상에 불가능이란 있을까? 나는 세상에 불가능이란 없다고 자신 있게 말할 수 있다. 다만 시간과 공간의 차이가 있을 뿐이다.

어느 날, 길을 가던 목사가 얼굴이 까만 한 행인에게 인사를 했다.

"샬롬!"

인사를 받은 남자는 이후 교회에 나오기 시작했다. 꼬박꼬박 주일을 지키고, 신앙생활도 열심히 했다. 3개월이 지났을 무렵 그는 목사에게 함께 식사를 하자고 했다. 그리고 목사와의 식사 자리에서 남자는 이렇게 고백했다.

"저는 얼마 전 간암 말기 판정을 받았습니다. 의사는 저에게 잘해야 3개월밖에 못 살 것이라고 했어요. 가족과 친구, 지인들, 그리고 저 자신조차도 제가 '죽을 놈'이라고 믿었습니다. 그런데 그날 목사님이 저를 보고 '살 놈!'이라고 인사를 하시는 게 아니겠습니까? 저는 그때 정신이 번쩍 들었습니다. '살 놈'이라는 목사님의 인사를 듣고 저는 생각을 고쳐먹었습니다. 그 후로 저는 '살 놈'이라고 믿고 약도 잘 먹고 운동도 열심히 했습니다. 그리고 3개월밖에 못 산다던 저는 아직까지 이렇게 살아 있습니다. 점점 건강해지고 있고요."

정병태의 『나를 바꿀 수 없다면 하는 말을 바꿔라』에서 읽은 짧은 이야기다. 짧은 글 속에 정말 큰 진리가 담겨 있었다.

'죽을 놈'이었던 한 사람은 가능성을 열어 주자 곧 '살 놈'이 되었다. 우리가 믿지 못할 기적이 세상에는 매일 일어난다. 그러나 그것이 정말 기적인지는 알 수 없다. 의사에게 죽음을 선고받은 암 환자가 예견대로 3개월을 못 채우고 죽을 수도 있다. 하지만 기적처럼 건강하게 회복되는 경우도 본다.

눈앞에서 일어난 사실도 착각에 의해 왜곡돼 기억될 수 있음을 인정해야 한다. 지구를 중심으로 행성들이 돈다는 이론이 당연했던 시절에 태양 중심의 우주에 관해 논하던 이들조차, 지금 상황은 꿈에도 상상하지 못했을 것이다. 내가 알고 있는 사실이 어쩌면 진실이 아닐 수도 있다. 그러니 우리는 모든 가능성을 열어 놔야 한다. 황당하기 그지없는 타임머신 이야기까지도 우리는 영화 속에서만 가능한 일이라 장담할 수 없다.

인생 최대의 고민은 뭘까? '나는 왜 태어났는가?', '어디에서 왔으며 어디로 가는가?' 그런 질문들의 답을 찾으려 모두 방황한다. 누구는 학문을 연구하고, 어떤 이는 좌절과 쾌락에 빠진다. 부와 그에 따른 안락함, 권력에 심취한 사람도 있고, 종교에 몰입하고, 예술을 사랑하는 사람도 있다. 사람들은 저마다 각자의 방법과 취향대로 인생이 건넨 질문들의 답을 찾으려 한다. 하지만 결국 정답 없는 답안지뿐이다. 우리는 백지를 낼 배짱도 없이 생을 마감한다. 그러나 중요한 한 가지, 이 세계와 우주의 비밀이 하나둘 밝혀지고 있다는 사실이다. 땅에 씨를 뿌리고 가꿔서 얻은 열매로 생명을 연장할 수 있게된 것 자체가 놀라운 발전이었던 때가 있었다. 그렇게 발전하여 지금의 세상이 되었다. 사람들은 갈수록 많은 사실을 알게되고, 다양한 방법으로 생명을 연장한다. 게임만 하고 놀던 골칫거리 아이가, 게임 개발 회사를 차리고 성공해서 풍족함을 누리는 세상이 되었다.

"나의 실력이 미천하다고 절대로 부끄러워할 필요가 없다. 배운 것을 마음속에 넣어 두면 그것은 죽은 언어밖에 안 된다. 장롱 면허와 같다. 나는 새로운 표현을 배우면 무조건 주위 사람들에게 통한다. 얼떨떨한 반응을 보여도 상관없다. 이렇게 해야 나의 입에 외국어가 달라붙기 때문이다."

나단 작가는 그의 저서, 『공부의 품격』에서 위와 같이 말했다. 설사 바보 같더라도 머릿속에 맴돌던 영어 단어를 입으로 내뱉는 것. 장롱 면허를 꺼내어 모두 잠든 늦은 밤, 아무도 없는 거리를 20km의 속력으로 달리는 것. 그 단순한 행동이 가능성을 여는 요인이 된다. 그렇게 가능성을 열어놓으면 우리는 언젠가 원어민과 유창하게 대화를 나누고 어디로든 차를 타고 떠날 수 있게 되리라.

나는 다시 영어 공부를 시작했다. 공부한다기보다는 그냥 음악처럼 영어를 틀어놓고 듣는다. 때로는 영어 라디오, 때로는 영어 뉴스, 소설을 듣는다. 왜 10년 넘는 학창 시절을 영어에 올인하고도 외국인만 나타나면 벙어리가 되는지를 알게 되었다. 나단 작가의 저서에서 읽은 한 줄 글에서 해답을 찾은 것이다. 완벽함에 목매지 않고 그냥 아무한테나라도 떠들어 댔다면 지금쯤 원어민 수준의 영어를 구사했을지도 모른다. 충분한 지식을 갖고 있었음에도 '불가능'이란 고정관념에 사로잡혀 기회를 놓쳤다. 그러나 늦은 때란 없다. 지금이라도 알게 된 게 참 다행이다. 타임머신을 개발할 위대한 가능성이 아니어도 좋다. 단지 외국인을 만나 아이처럼 "반가워! 안녕!"이라고 지껄여 볼 수 있는 가능성이면 충분하다.

09

말이면
단 줄 알아?

농담으로 던진 말이 나와 내 아이들의 인생을 송두리째 바꿔 놓았다. 몇 년 전, 지인의 간곡한 부탁으로 보험 회사에서 일한 적이 있다. 처음 입사한 신입사원들은 한 달간 교육을 받았다. 교육과정 중 자신의 미래 소신을 발표하는 시간이 있었다. 당시 내가 입사한 회사는 '미래에셋'이었는데, 잠깐 장난기가 발동한 나는 회사 이름에 착안한 짧은 한 줄의 농담으로 발표를 시작했다.

"아…! 저는 일단 '미래 애 셋'을 낳을 것입니다. 그리고…."

일대는 웃음바다가 되었다. 그때만 해도 큰아이 하나만 잘 키우며 살 계획이었는데, 사람들을 웃기려고 한 농담이 지금의 현실이 되어 버렸다. 그것도 딸만 셋. 사실 요즘같이 아이 하나 키우기에도 벅찬 세상에서 아이를 셋이나 낳아 기른다는 것은 엄청난 삶의 무게로 다가온다. 임신에서부터 출산, 육아, 그리고 교육, 취업, 결혼, 그리고 이후의 모든 면에서 부모는 자식을 위해 혼신을 다해야 한다. 그런데 정말 어처구니없게도 그 시작이, 지나가는 가벼운 농담이었다니 나조차 믿기 힘들다.

가족의 사랑과 격려의 말이 위인을 만들고 인류의 미래를 바꿔 놓은 경우도 있다. 토머스 에디슨의 유명한 일화다. 하루는 수업 중에 담임선생님이 아이들에게 질문했다. "하나에 하나를 더하면 얼마가 될까요?" 대다수가 '둘'이라고 대답했지만, 한 아이가 엉뚱한 대답을 했다. 바로 에디슨이었다. "하나요!" 깜짝 놀란 선생님은 에디슨에게 물었다. "어째서 하나에 하나를 더한 것이 도로 '하나'가 된다는 거니?" 선생님의 질문에 에디슨은 진지하게 말했다.

"고양이 한 마리에 쥐 한 마리를 더하면, 고양이가 쥐를 잡아먹기 때문에 다시 '하나'가 됩니다."

에디슨의 대답에 말문이 막힌 선생님은 에디슨의 어머니를 불러 말했다. "이 아이는 학교에서 아무리 가르쳐도 별 소용이 없을 것 같으니, 집으로 데려가셔서 직접 가르치시는 게 좋겠습니다." 에디슨의 어머니는 집으로 돌아와 실망한 아이를 다독이며 말했다.

"넌 다른 아이들과 달라. 그러니 넌 분명 위대한 사람이 될 거야. 엄마 말 명심하고 공부 열심히 하자."

엄마 말을 듣고 자신이 남들과 달리 특별하다 믿은 에디슨은 특유의 호기심과 끈기로 위대한 인물이 되었다. '우리의 밤은 당신의 낮보다 아름답다' 코나가 부른 노래의 제목처럼 우리의 밤이 아름다울 수 있는 건 에디슨 덕분이다. 에디슨은 백열전구를 개선, 발전시키고 생산법을 발명함으로써 우리에게 빛을 선물했다. 특허를 무려 1,000개나 가지고 있는 그도 어릴 적엔 학교에서도 포기한 괴짜 소년에 지나지 않았다. 그러나 그의 재능과 잠재력을 믿어 주고, 사랑의 말로 독려해 준 어머니 덕분에 그는 위대한 발명왕이 될 수 있었다.

언젠가 동네 한 상가 주차장에서 관리 아저씨와 대판 싸운 적이 있다. 상가 주차장에 차를 대고 근처에 잠시 볼일이 있어서 다녀왔는데, 주차장 관리 아저씨가 나를 불러 세웠다.

"이것 봐요! 지금 어디 다녀오시는 거요?"

나를 향해 언짢은 듯 언성을 높이는 관리 아저씨를 이해할 수 없어서, 나는 잠시 멍하니 서 있었다.

"아니, 어디 갔다 오냐고?"

그러다 다짜고짜 내게 반말을 하시는 아저씨에게 조금씩 화가 나기 시작했다.

"네? 왜 그러시는데요?"
"차를 여기 대 놓고 어디를 갔다 오는데?"
"제가 차를 대고 어디 갔다 오는지 왜 아저씨한테 말해야 되나요?"
"이 건물 온 것도 아니면서 여기 주차장에 차 대 놓고 가니까 하는 말 아니야?"

"어머 아저씨! 이 건물에 차 대 놓고 볼일 보러 다녀올 수
도 있는 거지 그걸 왜 일일이 아저씨한테 말해야 하는데요?"

보아하니 관리 아저씨는 내가 다른 곳에 일이 있음에도, 이
건물에 주차를 하고 시치미를 뗀다고 오해하신 모양이었다. 그
러나 상황을 충분히 이해한다 해도 줄곧 반말로 일관하시는
말투 때문에 기분이 상했다. 그사이 덩달아 내 말투도 거칠어
지고 언성도 높아졌다.

"아저씨, 저 이 건물에 약속 있어서 온 거 맞는데, 잠시 다
녀올 데가 있었어요. 왜 아시지도 못하면서 저한테 함부로 말
씀하세요?"

일파만파로 커져 가는 언쟁에 나도 멈출 줄 몰랐다. 그러다
갑자기 튀어나온 아저씨의 두 마디 말에 내 화는 그만 눈 녹
듯이 사라져 버리고 말았다.

"아니 얼굴도 '이뿌장하게' 생긴 '아가씨'가 왜 행동을 그따

위로 해!"

관리 아저씨는 여전히 나를 오해하고 나무라고 있었다. 그
것도 반말로. 그러나 순간 내 머릿속에는 두 단어밖에 들어오
지 않았다. 뭐? '이쁘장하게' 생긴? '아가씨?' 아저씨는 계속 언
성을 높여 나를 나무라고 계셨고, 나는 여전히 오해 가운데 억
울함을 풀지 못하고 있었다. 그러나 아무 생각 없이 던졌을 아
저씨의 두 마디 말에 이상하게 기분이 좋아지는 것이 아닌가?

'어머! 내가 이쁘장하게 보이나 봐. 그리고 뭐라고? 아가씨?
내가 그렇게 어려 보이나? 그래서 아저씨가 아까부터 반말로
일관하셨구나! 내가 너~어무 어려 보여서. 흥흥흥'

아저씨는 여전히 화를 내고 있었지만, 나는 더 이상 화를
내지도, 잘못을 해명하지도 않았다. 기분이 너무 좋은 나머지
관리 아저씨께 고맙기까지 했다.

"아저씨, 죄송합니다."

　　　──────　마흔 넘은 여자는 무슨 재미로 살까?

그렇게 그냥 사과를 하고 자리를 떠났다. 그리고 운전해 집으로 돌아가는 내내 마음이 흐뭇했다.

말에는 씨가 있다. 농담으로 던진 말도 뿌리를 내리고 꽃을 피운다. 말에는 힘이 있다. 따뜻한 사랑의 말 한마디의 힘이 세상을 밝게 비추기도 한다. 말에는 반전이 있다. 일촉즉발의 전쟁발발 상황을 하나의 코미디로 전환한다. 『존재와 시간』으로 잘 알려진 독일의 실존주의 철학자 마르틴 하이데거는 이렇게 말했다.

"언어는 존재의 집이다."

모든 존재하는 것은 언어 안에 있다. 사랑, 미움, 기쁨, 슬픔, 성공, 실패, 희망, 좌절, 아름다움, 추함. 세상 모든 사물과 모든 인간사가 언어 안에 있다. 우리는 매일 언어로 소통한다. 매일, 매시간, 매 순간 말을 한다. 농담으로 던진 말이 씨가 되어 한 사람의 인생을 바꿔 놓는다면. 내 말 한마디에 누군가 살고, 내 말 한마디에 누군가 죽는다면. 그 많은 오해와 다툼도 말 한마디로 녹일 수 있다면.
그럼 나는 어떤 말을 하고 살아야 할까?

10

스스로
기회를 만드는 방법

"우리는 노래를 가장 잘하는 새가 아닐지도 모른다. 우리가 사는 세상에는 성공한 아이들의 잘난 소리만 들린다. 하지만 그래도 괜찮다. 우리는 우리만의 특색을 가지고 있으며 다 각자의 매력을 지니고 있다. 어쩌면 그 모습을 본인만 보지 못하고 있을 수도 있다. 따라서 노래를 잘하든 잘하지 않든, 노래를 부르는 새들을 보고 배워 보자. 당신이 잘났든 그렇지 않든 당신의 모습을 그대로 인정하고 드러내 보는 것이다."

새들은 잘남과 못남의 기준 없이 노래한다. 구한나 작가는 그녀의 저서, 『가장 위대한 메신저』에서 말한다. 노래하는 새들처럼, 당당히 자신을 드러내라고.

나이가 드니 새로운 일에 도전하기가 점점 어려워진다. 나에게 책 쓰기가 그랬다. 어릴 적부터 글 쓰는 작가가 되고 싶다는 마음은 있었지만, 용기를 내지 못했다. 책도 읽어 보고 여러 저자에 대해서도 알아봤다. 모두 어찌나 그렇게 화려한 스펙을 가지고 있던지. 그들이 쓴 글은 하나같이 저명한 인사들의 말 같았다. 나 같은 사람도 작가가 될 수 있을까 자신이 없었다. 그렇게 비교하고 나니 SNS에 짧은 글 올리는 것도 어찌나 힘이 들던지. 지레 겁먹어 어깨에는 힘이 잔뜩 들어갔다. 손이 굳어져서 아무것도 쓸 수 없었다. 잘 써야 한다는 욕심과 누군가가 내 글을 읽고 실망하진 않을까 하는 걱정들로 한 글자도 쓸 수가 없었다.

글 쓴다고 앉아, 몇 시간째 노트북을 켜고 텅 비어 있는 여백을 바라보고 있자니, 마음이 심란했다. 하지만 시작이 반이라는 말이 있듯이 어떤 이유이건 일단 시작하면 그 다음은 자연스럽게 진행된다. 깨지기도 하고 방황도 한다. 내 안에서 숱하게 많은 것들이 부딪치고 망가지며 새롭게 태어난다. 문제는 '시작하는 것'이 어렵다는 것. 그럼 시작하기가 왜 그렇게 힘이 들까?

3살에서 10살 사이의 아이들은 틈만 나면 빈 종이에다 그림을 그린다. 그리고 엄마나 아빠에게 보여 준다. 그러면 부모는 아이의 그림을 보고 감탄해 칭찬을 늘어놓는다. 혹시 우리 아이가 천재가 아닐까 생각한다. 아이는 뿌듯해하며 제자리로 돌아가 또다시 그림을 그린다. 순수하게 자신만의 창작 활동을 하는 것이다. 평가를 염두에 두지 않고, 대가에 목적을 두지도 않는다. 온전히 창작하는 즐거움만 누리는 것이다. 그러나 미술학원이라는 곳에 다니게 되면서 아이는 즐거움과 점점 멀어진다. 부모는 자녀가 천재가 아님을 알게 된다. 아이는 그런 부모와 선생님, 친구들의 평가에 위축되어, 창작의 기쁨을 오롯이 만끽할 수 없게 된다. 아이는 자신보다 잘난 누군가를 만나게 되고, 그 후론 그림을 그리지 않게 된다. 틈만 나면 즐겁게 그림을 그리던 아이가 자신이 천재가 아니라는 이유로 그림 그리기에 흥미를 잃고 만다. 천재 화가 파블로 피카소는 말했다.

　　"모든 아이는 예술가다. 어른이 되어, 우리 안의 예술가를 어떻게 잃지 않느냐가 문제다."

　　　　　　　　　　 마흔 넘은 여자는 무슨 재미로 살까?

잘하려고 하지만 않는다면 우리는 언제든 시작할 수 있다. 노래도, 글쓰기도, 그림도, 다른 모든 것이 마찬가지이다. 그냥 자신의 음색과 개성대로 노래하고, 자신의 이야기를 담담히 써 보고, 순수하게 그리는 즐거움만으로 그림을 그리다 보면 언젠가는 잘하는 날이 올 것이다. 700여 권의 책을 쓴 나키타니 아키히로는 "할 수 없어도 '할 수 있다'고 말하지 않으면 기회가 없다. 우선 '할 수 있다'고 말하자."라고 했다. 그렇게 많은 책을 낸 저자이지만, 한때는 할 수 없을 것 같아 두려움에 떨었던 한 인간이었다. 그럼에도 그는 할 수 있다고 말했다. 그리고 700권이라는 엄청난 양의 책을 썼다.

세상의 모든 일을 경험할 수는 없다. 그러나 될 수 있는 대로 많은 경험을 쌓고 교훈을 얻을 수는 있다. 나는 살면서 여러 직업을 가졌고, 허다한 실패 혹은 난관에 부딪혔다. 원래 단순한 성격이라 그런가, 뭐든 하고자 하면 길게 고민하지 않고 곧바로 실행해 버렸다. 시행착오와 어려움도 있었다. 성공한 적도 있지만, 처절한 패배를 경험하기도 했다. 어느 순간 주위를 둘러보니 나와 달리, 한 우물만 파거나 어릴 적부터 영재 소리를 들어 가며 한 분야에 매진한 사람들은 그 분야의 전문가가 되어 있거나, 부와 명성을 차지하고 있었다.

마치 내가 실패한 사람 같았다. 전문가가 되지 못했고, 부와 명성도 얻지 못했다. 하지만 한 우물만 판다 해서 모두가 성공한다는 보장도 없었다. 글을 쓰며 어떤 순간도 가치 없거나, 의미 없는 시간은 아니었음을 알았다. 잠깐의 어리석은 판단으로 인생의 큰 오점을 남긴 순간조차 말이다. 무엇이 되건 어떤 일을 하든 간에 기회가 있어야 시작을 할 수 있다. 기회가 주어지지 않는다면 우리는 성공은 물론 실패조차도 경험할 수 없다. 할 수 있을지, 할 수 없을지는 겪어 봐야 안다. 할 수 없을 것이라는 부정적인 생각이 뇌를 지배하더라도 입으로는 '할 수 있다'라고 해 보자. 그러면 우리에게 기회가 주어질 것이다.

성공 확률은 50%, 실패 확률도 50%, 그러나 경험 확률은 100%

마흔 넘은 여자는 무슨 재미로 살까?

5장

그리고

내가 과연
할 수 있을까?

"내가 과연 할 수 있을까?"

글을 쓰는 동안 나를 끈질기게 괴롭혔던 말이다. 내 속에는 엄청난 괴물이 살고 있었다. 그렇게 반성하고 변화에 변화를 거듭하는 와중에도 쉬지 않고 나를 괴롭히는 말이 있었다. '내가 과연 할 수 있을까?' 힘들게 쓴 초고를 처음 읽던 날, 절망할 수밖에 없었다. 말 그대로 '걸레'와 같은 단어와 문장들이 맞춤법과 띄어쓰기까지 엉망인 상태로 널브러져 있었다. 그래도 나름 글 쓰는 재주가 있다고 자부했는데 처참한 현실을 마주해야 했다. 그동안 꾸었던 꿈은 나를 나락으로 떨어뜨렸다. 그래서 늘 하던 대로 외면해 버렸다.

우울한 날들이 이어졌다.

눈을 떠서 아이들을 학교에 보냈다. 씻고 머리를 말리고 화장을 했다. 그리고 독서 모임에 갔다. 학교에서 아이들 책 읽어주는 수업을 하는 모임이었다. 우리는 모여서 수업할 책을 정하고 아이디어를 공유했다. 점심을 먹고 커피도 마셨다. 남편의 옷을 바꾸러 백화점에 들렀다가 지인의 어머님 장례식장에 갔다. 오랜만에 만난 언니들과 차도 마셨다. 그리고 집으로 돌아왔다. 글을 한 줄이라도 쓰려고 책상 앞에 앉았는데 전화가온다. 남편의 전화다. 운동하러 연습장에 가자고 한다. 연습을 하는데 하나도 재미있지 않았다. 집으로 돌아오니 피곤했다. 침대에 누워 남편과 몇 마디 얘기를 나누다 잠이 들었다.

다음 날 아침, 아이들을 등교시키기 위해 일어났다. 정신없이 아침을 보내고 피곤해서 소파에 누워 있었다. 창밖을 보니 미세먼지 때문인지 뿌옇게 날이 흐렸다. 왠지 우울했다. 어제도 하루 종일 우울했는데 오늘도 우울한 감이 가시질 않았다. 아무것도 할 수가 없었다. 소파에 누워 또 잠을 잤다. 세 시간 쯤 자고 일어났을까? 부스스 일어나서 책상 앞에 앉았다. 『가장 위대한 메신저』라는 책을 펴 읽었다. 이명진 작가의 글이다.

"글만 쓰면 미래에 대한 불안감이 사라졌다. 나는 미래에 대한 걱정이 많은 사람이지만, 글만 쓰면 힘이 났다."

짧은 두 줄의 글을 읽는 순간 '번쩍'하고 정신이 들었다. 어제 온종일 우울했던 것도, 오늘 일어나 아침부터 우울했던 것도 다 이 때문이었구나. 바빠서 며칠째 한 줄 글도 읽지 못했다. 글자 한 자도 쓰질 못했다. 그런 날들이 계속됐다. 똑같은 하루를 시작했고 똑같이 우울했다. 그 우울함의 이유를 도통 알 수 없었다. 피곤해서인가? 몸이 안 좋은가? 아니면 날씨가 안 좋아서인가? 여러 가지 이유를 추측해 봐도 소용없었다. 그러다 이명진 작가의 글을 읽고 깨달았다. 나는 불안했던 것이다. 작가로서의 나의 미래에 대한 불안과 걱정 때문이었다. 글을 읽지 않고, 글을 쓰지 않은 날은 불안감 휩싸여 우울했던 것이다. 나는 집안의 잡다한 일을 마친 뒤에야 글을 썼다. 시간이 날 때 책을 읽었다. 그동안 습관처럼 집안일을 하고 남는 시간에 글을 쓰고 책을 읽었다.

실은 외면하고 있었다. 늘 그랬던 것처럼 말이다. 작가라는 부푼 꿈을 갖고 시작했지만, 글을 완성하고 보니 '나에겐 재능이 없구나, 다른 평범한 사람들과 전혀 다르지 않았어.' 하는 생각밖에 들지 않았다. 멋지게 시작했지만, 벽에 부딪혔고, 넘어졌다. 또 그런 나에게 실망했다. 희망이 컸던 만큼, 실망도 컸다. 내가 써 놓은 글들을 걸레짝처럼 한쪽으로 치워 버렸다.

얼마 전, 전 JTBC골프 해설위원이자 명지대 교수로 재직 중인 조원득 프로골퍼님께 필드 레슨을 받았다. 나는 이제 골프 시작한 지 반년 정도 된 초보 골퍼였다. 드넓게 펼쳐진 골프장 앞에 서면 겁부터 났다. 골프 클럽하우스에 들어서면서부터 골프 매너에 기가 눌렸다. 본격적으로 필드에 나가니 멋지게 단장한 잔디들이 나를 맞이했다. 그러나 초보 골퍼의 눈에는 그렇게 멋진 골프장 풍경도 들어오지 않았다. 앞 팀이 먼저 출발한 뒤, 곧이어 우리 팀의 첫 드라이브 샷이 시작되었다.

함께 라운드하는 남편과 조원득 프로골퍼, 그리고 아마추어 최강 창현 오빠. 멋지게 차려입은 뒤 팀원들. 캐디 언니. 이렇게 모두가 지켜보는 가운데 나의 첫 드라이브 샷이 시작되었다. 티를 꽂고, 공을 놓은 뒤, 칠 방향을 보고, 빈 스윙을 두 번, 셋업을 하고, 그리고 샷!

'앗! 실수다.'

공은 여지없이 드라이버의 한쪽 끝에 빗맞아 엉뚱한 데로 데굴데굴 굴러가다가 만다. 일명 쪼루 샷. 정말 쥐구멍에라도 들어가고 싶었다. 결국 내 첫 드라이브 샷은 100m도 채 가지 못했다. 하지만, 창현 오빠의 한마디 명언에 힘을 얻어 무사히 라운딩을 마칠 수 있었다.

"드라이버 실수해도 괜찮네. 죽지만 않으면 돼. 사람도 죽지만 않으면 인공호흡해서 살릴 수 있자네. 긍께 욕심 내재 말고 죽지만 않게 치세~~"

그리고 조원득 프로님의 무한 긍정, 무한 칭찬의 마법으로 생애 첫 버디도 했다. 프로님이야 워낙 뛰어난 실력의 골퍼이니 말할 것도 없지만, 예전부터 알고 지낸 창현 오빠는 아마추어임에도 불구하고 웬만한 프로도 따라올 수 없는 골프 실력과 매너, 그리고 열정을 가지고 있었다. 오빠와 처음 만난 건 16년 전이었다. 그때는 나도 어릴 때라 '오빠'라고 불렀다지만, 40대인 지금도 아직 오빠라고 부르는 막역한 사이다. 꼭 사회적으로 업적을 남기거나 높은 지위에 있는 사람만 명언을 남기는 건 아니지 않은가! 아마추어 골퍼인 창현 오빠에게는 골프장에서 어떤 프로보다도 멋진 스윙 폼과 매너, 그리고 특유의 아우라가 있다. 거기에 덧붙여 던진 한마디가 정말 끝내준다. 구수한 전라도 사투리로 "나는 남들보다 골프를 잘 치는 게 아니여! 그냥 남들보다 실수를 덜 하는 거재~잉!" 생각할수록 명언이다.

어쩌면 골프란 멋진 드라이버 샷도, 정확한 아이언도, 명품 퍼터도 아니라, 실수에도 흔들리지 않고 노력하며 즐거운 라운딩을 하는 과정이 아닐까? 우리의 인생도 떠들썩한 세상의 이슈와 업적, 그리고 인기가 아닌, 작은 실수와 경험을 발판삼아 반성하고 발전하는 동안 완성되는 하나의 예술 작품일 것이다.

아무리 멋진 작품이라도 퇴고를 거치지 않고는 세상에 나올 수 없다. 실수투성이인 초고를 다듬고 다듬어야만 진정한 원고가 완성되는 것이다. 생명도 그렇다. 위급한 상황이라도 숨이 끊어진 것이 아니라면 인공호흡으로 살릴 수 있다. 인생도 그렇다. 끝나는 순간까지 수리가 가능하다. 꿈을 안고 멋지게 시작해도 포기하고 싶을 만큼 커다란 좌절의 순간도 꼭 한 번은 찾아온다. 좌절해도 괜찮다. 다시 힘을 내서 일어나면 된다. 그리고 실수를 조금씩 줄여 가면 된다. 그날의 골프도 그랬다. 그날 나의 라운딩처럼, 오비만 안 난다면 아이언으로 멋지게 온 그린해서 버디도 가능하다. 또 오비 나면 어떤가? 다음 홀도 있지 않은가?

가계부로 살림살이,
글쓰기로 인생살이

나는 매달 가계부를 쓴다. 요즘엔 직접 가계부를 쓰는 주부가 거의 없다. 지출 내용이 모두 통장에 찍히고, 카드 내역서에 고스란히 나오기 때문에, 예전처럼 일일이 돈을 쓴 내용을 기록하지 않아도 되기 때문이다. 그렇다면 나는 왜 가계부를 쓸까? 내가 특별히 살림을 잘해서 가계부를 쓴다고 오해할 독자분들을 위해, 굳이 이유를 밝혀야겠다.

사실 내가 가계부를 처음 쓰게 된 계기는 부부 싸움 때문이었다. 우리 부부는 종종 크게 다투곤 했는데, 그때마다 남편은 나의 생활비 내역에 시비를 걸었다. 싸움이라는 것이 서로의 약점을 공격하는 것이다 보니 응당 당연한 일이었을 수도 있겠다. 그러나 그럴 때마다 나는 "내가 그 돈을 다 나한테 쓰나? 다 애들이랑 집에 들어가는 거지!" 하며 해명 아닌 해명을 해야 했다. 내 딴에는 사치 부리지 않고 알뜰히 살림한다고 하는데도 매번 싸울 때마다 돈돈 운운하는 남편이 미웠다. 급기야 남편은 내게 매달 가계부 쓸 것을 요구했다. 그리고 나도 동의했다. 그 이후로 나는 매달 말일이 되면 가계부를 쓴다.

노트북을 열고 먼저 주로 사용하는 계좌에 로그인을 한다. 그리고 지난달의 통장 입출금 내역을 출력한다. 그다음 카드사에 로그인하고 카드별 명세서를 출력한다. 창을 닫고 컴퓨터 바탕화면에 쭉 나열된 아이콘들 중에 '엑셀2013'이라고 표시된 초록색 문서프로그램을 클릭한다. 첫 번째 A로 표기된 시트를 열고 항목별 지출 내역과 그 금액을 기입한다. 자동 계산기로 전체 지출액을 산출하고 기입한다. 총 지출액, 총 수입액, 전달 잔액, 이번 달 잔액을 각각 다른 색으로 표시한다. 문서로 출력하여 계좌 내역과 카드 내역서를 함께 클립으로 묶은 뒤 가계부 서류철에 보관한다.

나는 이와 같은 작업을 매달 반복한다. 언뜻 보기에는 아무 의미도 없는 단순 작업과도 같아 보인다. 그러나 가계부를 쓰면서 바뀐 것들이 있다. 문서 작성을 보다 편하게 하기 위해 여러 가지 작업이 이루어졌다.

첫째, 하나의 주거래 통장을 정해, 웬만한 금전 거래는 해당 계좌를 이용했다. 계좌를 하나로 통합하니 문서 작성 때 참고하기에도 수월하고, 내역 확인할 때도 상당히 편해졌다.

둘째, 카드 사용을 전문화했다. 두 개의 카드 중에 하나는 주로 식료품을 사는 데 쓰고, 다른 하나는 나머지 잡다한 생활비를 쓰는 데에 사용했다. 그러다 보니 각각의 카드값만으로 한 달 생활비가 얼추 계산됐다.

셋째, 대출 이자와 적금, 보험 등 매달 꾸준히 나가는 항목들을 세목별로 적었다. 매달 지출되는 돈의 내용을 한눈에 볼 수 있었고 그것은 지금 우리 가계의 경제 상황을 파악하고, 앞으로의 지출 계획을 세우는 데 많은 도움이 되었다.

넷째, 매달 쓸데없이 나가는 돈을 정리하고 그 돈으로 적금을 들었다. 돈을 모으게 되니 또 다른 계획도 할 수 있게 되었다.

마지막으로, 무엇보다 큰 변화는 나에 대한 자부심이 생겼다는 것이다. 매달 가계부를 쓰다 보니 내가 살림을 잘하고 있구나 하는 뿌듯함이 들었다. 미래를 향한 불안이 해소되고 안정감 찾았다. 하지만 한 가지 중요한 것이 빠져 있다. 무엇보다도 중요한 한 가지. 이것을 깨닫는 데는 좀 더 시간이 걸렸다.

와타나베 가오루는 그녀의 저서에서 이렇게 말한다. "이제부터는 마음속에 자리 잡고 있는 돈에 대한 저항감을 버려라. 돈을 받는 것은 나쁜 일이 아니며, 오히려 적극적으로 좋아해야 할 일이다." 돈을 좋아하는 태도를 적극적으로 표현하는 것은 어쩐지 좀 세속적이고 천박해 보인다. 우리나라 사람의 많은 수가 이런 생각을 갖고 있다. 예로부터 청렴한 삶을 최고의 덕으로 여기는 문화였으니, 우리나라 사람들이 돈을 좋아하는 걸 표현하는 데 어색하고 부담감을 느끼는 건 어쩌면 자연스러운 일이다.

생각해 보면 남편은 생활비를 벌기 위해 매일 열심히 일했을 것이다. 그리고 그는 한 달 한 달 생활비를 줄 때 나에게 그에 상응하는 고마움의 표현을 기대했을 수도 있다. 매번 싸울 때마다 생활비 내역을 문제 삼고 돈으로 시비를 걸었던 것도 그런 이유에서일 것이다. 가족을 위해 열심히 노력하여 생활비를 주었는데, 고맙다는 인사도 제대로 못 받는다니. 남편 입장에선 서운했을 것이다. 그러니 싸움이 발발하면 서운함의 표현으로 돈 얘기를 했던 것이고, 또 그에 서운했던 나는 남편의 노력의 대가를 더욱 당연하게 받았다.

"감사할 줄 모르는 아이는 뱀의 혀보다 더 잔인하지 않은가?"

윌리엄 셰익스피어의 말이다. 당연히 감사해야 했는데, 나는 그러지 못했다. 보통 가장들보다 확연히 많은 생활비를 줌에도 불구하고 그건 그냥 당연하다고 생각했다. 나는 매달 생활비를 받을 때 진심으로 남편에게 감사하다는 말을 해 본 적이 없음을 알았다. 아니, 감사한 마음이 없다기보다는 고마움을 표현하기가 어쩐지 쑥스러웠다. 돈을 받고 지나치게 고마워하거나 기뻐하는 게 왠지 천박해 보인다는 이상한 고정관념에서였다. 오히려 감사할 줄 모르고, 그에 대한 표현을 하지 않는 것이 더 천박한 것인데 말이다. 필요하고 원하지만, 그것을 적극적으로 표현하거나 좋아하면 안 될 것 같은 이상한 고정관념이 있었던 모양이다.

와타나베 가오루의 블로그는 인기랭킹 '미용' 부문에서 8년 연속 1위를 고수하고 있다. 이혼과 경제적 어려움을 이겨내고 사업에 성공하기까지 자신이 돈에 대해 가지고 있었던 철학을 저서에 담았다. 돈을 받는 것을 적극적으로 좋아해야 한다는 그녀의 말은, 남편에게 감사하지 않는 나 자신을 반성하게 했다. 다음 생활비를 받은 날, 남편의 카톡에 메시지를 남겼다.

"여보, 생활비 고마워. 열심히 버느라고 고생했어요. 알뜰살뜰 잘 쓸게."

처음엔 참 쑥스러웠지만, 일단 표현하고 보니 마음이 오히려 따뜻해졌다. 후로 나는 감사하다는 표현을 자주 하게 되었다. 그렇게 감사를 표현하기 시작하면서부터 부부관계도 조금씩 나아졌다.

이렇게 여러 방면에서 나아진 것은 분명 내가 자기계발서를 쓰고부터였다. 글을 쓰려고 마음먹고 '책인사'에 갔을 때까지만 해도 나는 소설가가 꿈이었다. 어릴 적부터 소설책을 좋아했고, 드라마도 굉장히 좋아하던 터라 그 부류의 글이 아니면 왠지 멀게 느껴졌다. 그러나 예상외로 내가 처음으로 출간한 책은 자기계발서였다. 처음 자기계발서를 쓰기 시작했을 때, 인생 통틀어 읽은 자기계발서가 딱 한 권이 전부였다. 당시에 나는 자기계발서가 무엇인지 알지 못했다. 그저 '성공하려면 꿈을 가지세요! 그리고 열심히 노력하세요.' 이 두 가지의 내용을 그저 길게 길게 늘어뜨려 쓰기만 하면 되는 줄 알았다.

그러나 글을 써 가면서 나는 배웠다. 장르를 불문하고 작가가 한 권의 책을 쓰기 위해 얼마나 많은 책을 읽어야 하는지 말이다. 한 권의 책을 쓰기 위해서는 적어도 50권에서 100권 정도의 책을 읽어야 했다. 내가 책을 쓰기 시작하면서 새로 사들인 책만 해도 거의 80여 권에 이른다. 돈으로 환산하면 150만 원 정도이다. 석 달 동안 사들인 책이니 한 달 책값을 평균 50만 원씩 지출한 셈이다. 그렇게 책을 읽다 보니 허술하던 나 자신이 조금씩 바뀌어 갔다. 그동안의 상처를 위로받고 치유했다. 잘못을 깨닫고 반성도 했다. 반성하고 나니 마음가짐이 달라지고 새로운 가치관이 생겼다. 감정에 치우치지 않은 행동을 하게 됐다. 불현듯 새로운 꿈을 꾸기도 했다.

작가의 모든 내적 변화와 올바른 행동, 그리고 그로 인해 바뀌는 삶의 모양은 고스란히 책 속에 담긴다. 인생을 정리해 한 권의 책에 담으니 삶이 정돈되고 안정되기 시작했다. 책을 쓰기 위해 책을 읽었지만, 그 속에서 얻은 교훈과 감동은 옳지 못했던 내 삶의 습관과 생각, 행동들을 바로 잡아 놓았다. 떨어졌던 자존감도 회복했다. 그리고 더는 미래를 불안해하지 않게 되었다. 노자는 도덕경에서 "남을 아는 것이 지혜라면 자신을 아는 것은 밝음입니다. 남을 이김이 힘 있음이라면, 자기를 이김은 정말로 강함입니다."라고 말했다. 나를 알고 나를 이기는 것, 그것은 진짜 자신을 강하게 계발하는 것이다. 자기계발서는 읽고, 변하고, 그리고 쓰는 것이다.

03

아줌마들은
자기계발서를 읽지 않는다

"꽃게가 간장 속에

반쯤 몸을 담그고 엎드려 있다.

등판에 간장이 울컥 쏟아질 때

꽃게는 배 속에 알을 껴안으려고

꿈틀거리다가 더 낮게

더 바닥 쪽으로 웅크렸다가

어찌할 수 없어서

살 속으로 스며드는 것을

한때의 어스름을

꽃게는 천천히 받아들였으리라.

껍질이 먹먹해지기 전에

가만히 알들에게 말했으리라.

저녁이야 불 끄고 잘 시간이야."

안도현의 「스며드는 것」이라는 시다. TV 프로그램에서 소개된 적이 있을 만큼 유명하다. 처음 내가 이 시를 읽었을 때는 우리 막내가 채 돌이 안 되었을 때였다. 걸음도 떼지 못한 막내는 나에게 갓 낳은 알이나 다름없었다. 언제나 안고, 업고, 알처럼 품고 다녔다. 그런 나에게 안도현의 시는 충격이었다. 죽음으로 내몰린 어미 꽃게의 마음이 고스란히 느껴졌다. 죽음 앞에서 작고 연약한 알들에게 '불 끄고 자자'라고 말하는 어미의 심정을 온전히 공감할 수 있었다. 시를 읽으면서 전쟁의 한 장면을 상상했다. 2차 세계대전 중, 다가오는 죽음의 그림자로부터 아이들을 보호하려고 몸을 웅크리고 조용히 아이들에게 자장가를 불러주는 폴란드의 어느 한 유대인 가정의 밤이 연상되었다.

나는 평소에 간장 게장을 무척 좋아했다. 붉은색 알 송이를 떼어내 입속에 넣고 오물오물 씹어 먹는 걸 말이다. 하지만, 안도현 시인의 시를 읽고부터는 먹는 상상만 해도 전쟁 중에 아이들까지 말살하는 히틀러가 된 것 같아 몸서리가 쳐졌다. 시란, 글이란, 책이란 그런 것이다. 사람을 감동시키고 변화시키고 행동하게 만든다. 나는 짧은 한 편의 시를 읽고 그 좋아하던 간장 게장을 단번에 끊어 버렸다.

아이들을 위해, 남편을 위해 자신의 시간과 노력을 바치며 하루를 사는 건 자기계발과는 좀 거리가 있어 보인다. 그래서일까? 아줌마들은 자기계발서를 잘 읽지 않는다. 그러나 주부는 집안 살림이나 하고 남편 시중만 드는 하인이 아니다. 아이들 교육에 있어 누구보다 소신 있고 체계적이어야 한다. 사회를 이끌어 갈 한 남자의 아내이자 조력자다. 유비에게 제갈량이 있었듯 남편에게 아내가 있다. 제갈량은 평소에 인문고전을 모조리 섭렵할 정도의 독서광이었다고 한다. 남편의 조력자이자 아이의 스승인 엄마가 책을 한 글자도 읽지 않는다는 건 가정의 패망을 예고하는 바와 다름없다.

부끄럽지만, 사실 이전의 나 또한 그랬다. 여자는 그저 남편에게 복종하고 집 안 깨끗이 청소하고 요리나 잘하면 되는 줄 알았다. 아이들은 학교에서 알아서 훌륭한 사람으로 만들어

줄 테니, 좋은 학교에 보내기 위해 열심히 학원에 보내고 시험 성적만 잘 받으면 되는 줄 알았다. 그 유명한 광고에서 "남자는 여자 하기 나름이에요." 하고 말할 때도 그저 고개만 끄덕였다. 가족들에게 뭘 해 줄까만 생각했지, 나 자신이 먼저 발전해야 한다는 건 깨닫지 못했다.

그래서인지 자기계발서는 잘 읽지 않았던 것 같다. 읽을 일이 없었다고 할까? 앞선 글에서 말했듯, 자기계발서를 쓰게 되기 전까지 내가 읽은 자기계발서는 딱 한 권뿐이었다. 그것도 보험왕의 자서전이 유일했다. 신혼 초기에 보험회사에 다녔었다. 하지만, 보험판매는 나의 적성에 맞지 않았다. 하루하루 회사생활이 힘들고 어려웠다. 그러나 무엇을 하느냐가 중요한 게 아니고 어떻게 하느냐가 중요하다는 마음속 다짐에 어떻게든 잘해 보고 싶었다. 열심히 해서 성공하고 싶었다. 그래서 서점에서 일본의 한 보험왕이 쓴 책을 샀다. 그리 두껍지 않은 책이었다. 읽기도 어렵지 않았다. 그러나 책 내용은 그다지 공감되지 않았다. 저자는 어려운 시절 식빵에 버터를 발라 끼니를 때웠다. 그것도 몇 년을. 그리고 자는 시간 외엔 거의 영업에 매달렸다. 나는 그렇게 할 자신이 없었다. 이후론 자기계발서란 책은 사지 않았다. 우연히라도 읽지 않았다. 우리는 종종 실패 원인을 나 외의 다른 것에서 찾으려 한다. 모든 좌절이 내 책임이라는 것을 인정하기에 우리는 너무 영리하다.

글에는 힘이 있다. 그렇게 간장 게장을 좋아하던 내가 시 한 편 읽고 간장 게장을 단번에 끊어 버렸다. 입으로 쏙쏙 빨 아서 먹던 빨간 알만 생각하면 가슴이 콱 하고 막히는 걸 느 꼈던 것처럼 치열하다 못해 잠도 안 자고 밥도 안 먹어가며 영 업하던 어느 일본 보험왕의 노력이 비현실적이라는 이유로 다 시는 자기계발서를 읽지 않았다. 아니 자기계발서 자체를 폄하 하고 멀리했다. 책에는 작가의 영혼이 담겨 있다. 하지만 작가 의 의도와 목적은 읽는 이의 상황이나 의도에 얼마든지 영향 을 받을 수도 있고 오히려 부작용이 생길 수도 있다. 그러나 부작용이라는 측면도 엄밀히 말하자면 힘이다. 나쁜 영향력. 그러나 그건 어디까지나 받아들이는 사람의 몫이며 책임일 것 이다.

우리 눈에 장착된 렌즈의 중요성을 절감한다. 우리는 자신 의 중요성을 안다. 그렇기에 무엇보다 자신을 계발해야 한다.

자기계발이라는 정확한 렌즈가 있다면, 열정을 불러일으키고 동기부여를 해 주는 자기계발서를 누구보다 치열하게 읽어야 한다. 책 속에 세계가 있다. 시공간을 초월하고 넘나들며 진심과 진리를 일깨운다. 아이들에게 독서하라고 잔소리를 늘어놓을 것이 아니다. "넌 그냥 놀아라~ 난 책 읽을 거야."라고 해야 한다. 정작 귀하고 좋은 건 남 주기 싫다는 듯이. 그리고 독서를 통해 변화하고 즐거워해야 한다. 그 과정에서 자신의 가치를 발견하고 그 가치를 빛낼 때, 세상은 나에게 제2 인생의 막을 열어 줄 것이다.

언젠가 잔뜩 밀린 학원 숙제를 하느라 정신없던 큰아이 친구 녀석이 떠오른다. 끝도 없이 반복되는 연산 숙제였다. 아이는 열심히 계산기를 두들기고 있었다. 엄마가 안다면 경을 칠 일이었다. 하지만, 나는 그 아이 엄마에게 말하지 않았다. 왠지 그 녀석이 귀여웠기 때문이다. 한편으론 안쓰럽기도 했다. 아이는 평소 너무 많은 학원에 다녔고, 버거운 숙제에 힘들어했다. 내 눈에는 숙제들 모두 다소 쓸데없어 보였다. 돈 쓰는 부모의 기대에 부흥하기 위한 학원들의 전략에 아이들만 희생당하고 있었다. 그러나 지금 생각해 보니 열심히 계산기를 두들기던 그 녀석 미래가 기대된다. 제법 창의적인 숙제법이지 않은가!

이제 4차 산업혁명이라는 말도 새롭지 않다. 아이들 교육에서도 마찬가지다. 모든 생활권에 AI의 역할이 확대되고 있다. 인간의 할 일이 점점 줄어든다는 이야기다. 간단하고 단순한 일, 예를 들어 주문을 받고 계산을 하는 일을 자동 주문기에 맡겨버린 식당이 늘고 있다. 얼마 전 건강 검진을 받으러 갔는데, 의사는 단 한 명만 있을 뿐, 대부분의 검사는 기계가 감당했다. 기계가 검사한 결과를 컴퓨터 화면에 표시하면 의사는 그저 그 결과를 읽어 주는 것이 전부였다.

현실이 이토록 빠르게 변화하는데, 우리는 아직도 명문대에 보내기 위해 열심히 아이들의 성적을 관리한다. 원리를 이해하는 수학보다는 열심히 공식을 외우고 문제 풀이를 익혀 시험 정답만을 위한 공부를 시킨다. 이미 컴퓨터가 수십 년 전에 해치워 버린 것들을 익히느라 에너지를 낭비하고 있는 셈이다. 인간은 기계와 다르다. 훨씬 월등하다. 우리가 기계보다 월등하고 다른 점은 단 하나, 창의적으로 생각하는 것이다. 그러기에 우리는 더욱더 많은 책을 읽고 창의적으로 생각하는 아이들 교육에 힘써야 한다.

간장이 쏟아지더라도 아이들을 굳건히 보호해 줄 수 있도록 더욱 두껍고 커다란 껍데기를 마련해야 하리라. 아이들은 어미의 껍데기 속에서 자신들을 보호할 단단하고 커다란 껍데기를 만들어 간다. 매년 바뀌는 대입 입시전형에 대비하기 위해 이리저리 쫓아다니는 부모는 되지 말자. 우리가 자녀들의 교육에 주도권을 잡고 대학들의 입시 문화를 바꾸어 가자. 말로만 주도적으로 공부하는 것이 아니고 진짜 스스로 공부하는 자녀들을 위해, 엄마부터 말은 걷어치우고 행동해야 한다. 우리 자신부터 치열하게 자기계발서를 읽고, 자기계발을 해야 한다.

04

지혜의 숲에는
밤새도록 꺼지지 않는
등불로 가득해

파주에는 두 가지 커다란 구역이 있다. 하나는 온갖 명품들의 구역 '파주 프리미엄 아울렛'과 출판사와 출판 유통업체들의 구역 '파주 출판도시'이다. 아울렛에서는 착한 가격에 필요한 물건을 살 수 있다. 얼마 전까지는 주로 '프리미엄 아울렛' 구역을 자주 이용하는 아주 현실적인 주부였다. 하지만 요즘엔 출판도시에 더 자주 간다. 커다랗게 '파주 출판도시'라고 쓰여 있는 간판을 지나쳐 도로를 따라가다 보면, 도시라고 하기에 조금 스산한 기운마저 느껴진다. 오른쪽에 커다란 녹슨 청동색 건물이 나올 때까지 도로를 따라 계속 도시 안쪽으로 들어간다. 작은 연못 중앙에 있는 건물의 외벽에는 '독자에게 묻다'라는 현수막이 보인다. '아시아출판문화정보센터' 1층에

위치하고 있는, 바로 열린 도서관 '지혜의 숲'이다.

지혜의 숲 홈페이지에는 이렇게 소개되어 있다.

"가치 있는 책을 한데 모아 보존 보호하고 관리하며 함께 보는 공동의 서재입니다. '지혜의 숲'은 출판도시문화재단이 2014년도에 문화체육관광부의 후원을 받아 조성한 이래 재단의 자체 재원으로 운영하고 있는 복합문화공간입니다."

'지혜의 숲1'은 학자, 지식인, 연구소에서 기증한 도서를 소장한 공간이다. 학자와 지식인의 삶을 보여 주는 공간이기도 하다. '지혜의 숲2'는 출판사별로 분류된, 출판사가 기증한 도서를 읽을 수 있는 공간이다. 가끔 작은 음악회 같은 소규모 음악행사가 열린다. '지혜의 숲3'은 게스트하우스 지지향 로비에 있는 공간이다. 이곳에서는 출판사는 물론, 유통사와 박물관, 미술관에서 기증한 도서를 볼 수 있다. 그리고 이곳의 운영시간은 24시간, 연중무휴이다.

이곳에는 엄청나게 다양하고 많은 책이 있다. 서점에서는 찾아볼 수 없는 대학 교수와 학자들이 기증한 연구 논문들도 만나 볼 수 있다. 무엇보다 반갑고 놀라운 점은 연중무휴, 24시간 쉬지 않고 운영된다는 점이다. 일주일에 두 번, 친정엄마의 도움으로 이곳에서 늦게까지 책을 읽고 글을 쓰다 보면, 무한한 안정감을 느낀다. 집 외에 어느 곳엘 가든지 우리는 '체크아웃'을 해야 하는 순간을 맞이한다. 그곳이 잠을 잘 수 있는 호텔이라도 말이다. 그러나 이곳엔 어디에나 있는 '그것'이 없다. 늦게까지 책을 읽고, 글을 쓰며, 시험공부를 하는 사람들을 보고 있으면 나를 따라 다니던 걱정들이 어느새 사라진다. 지혜를 얻고자 하는 사람들에게 꺼지지 않고 불을 밝혀 공간을 내어주는 '사랑'을 느끼기 때문이다.

수백만 원이 넘는 명품을 50% 싸게 준다는 말에, 마치 보물이라도 발견한 양 흥분하며 옆 동네 아울렛 거리를 배회하던 나에게 이곳은 말이 안 되는 공간이기도 하다. '모든 귀한 것은 다 공짜다.'라는 문구를 읽은 적이 있다. 어느 곳에서 읽었는지 기억할 수 없지만, 지금 너무나 공감하는 말이다. 공기가 우리에게 그렇고, 따스한 햇볕이 우리에게 그렇다. 한여름에 시원한 바람이 그렇고, 추운 겨울에 따뜻한 사랑이 그렇다. 지금 이렇게 이

멋진 공간에 공짜로 앉아 있자니 갑자기 아이들이 좋아하는 애니메이션 짱구의 '액션가면 빤쓰'가 생각난다. 친구들에게 '액션가면 빤쓰'를 자랑하는 우스꽝스러운 짱구가, 어쩐지 온통 명품으로 두르고 친구들 앞에서 자랑하던 예전의 내 모습과 똑같이 느껴진다. 그러나 그런 것들을 사랑하고 가치를 부여하는 사람들을 비난하고 싶지는 않다. 결국, 들어 봐야 내려놓을 수 있고, 움켜쥐어 봐야 풀어낼 수도 있는 것이니까.

책 읽고 노트북을 보며 열심히 무언가를 적는 사람, 고심해서 수학 문제집을 풀고 있는 학생, 책 속에 빨려 들어갈 듯 집중해서 독서하는 독서가. 밤늦도록 이곳에 머무는 사람들은 모두 꺼지지 않는 지혜의 등불들이다. 책을 읽고 사색하면서 등불을 밝히고 있다. 누군가에게 깨달음을 행하고 어딘가에 글로 남기며 지혜의 등불을 밝히고 있다. 내가 글을 쓰고 글을 올리는 '책인사' 카페에도 밤새도록 불이 꺼지지 않는다. 지금도 누군가 위로하는 글을 남기고, 영감의 서평을 올린다. 올라오는 글을 읽고 공감의 댓글로 불을 밝히는 이들도 있다. 다행이다. 우리의 영원한 '지혜의 숲'에는 언제까지나 불이 꺼지지 않을 것이기 때문이다.

오늘은 내 남은 생의
첫날이다

일본의 어느 한 강의실. 노인들이 열심히 무언가를 배우고 있다. 그들이 공부하고 있는 것은 다름 아닌 '코딩'이다. 노인들에게 강의를 하고 있는 사람 역시 백발의 할머니다. 할머니의 이름은 '와하미야 마사코' 현재 83세다. 와하미야 할머니는 일본의 전통 축제를 소재로 노인들도 쉽게 다룰 수 있는 스마트폰 게임 앱 '히나단'을 개발하셨다. 핸드폰 속 기모노를 입은 캐릭터들이 여러 개의 네모 칸 중에 어디에 앉아야 하는지 맞추는 게임이다. 마사코 할머니는 세계 최고령 앱 개발자로 '일본의 스티브잡스'라는 별명도 얻었다. 할머니는 2017년 6월 4일 애플 세계개발자 회의에서 당당히 한 부스를 차지하고, 방문객들에게 설명을 하고 계셨다. 현 애플의 CEO인 팀 쿡에게

———— 마흔 넘은 여자는 무슨 재미로 살까?

자신이 개발한 앱 '히나단'에 대해 열심히 설명하고 있었다. 할머니는 이렇게 말씀하셨다.

"우선 해 봅시다. (…) 우선은 가볍게 해 보면 되지 않을까 합니다."

얼마 전 KBS스페셜 〈기계와의 대화법〉이라는 프로그램을 봤다. 코딩에 관한 내용이었다. 코딩이란 컴퓨터 프로그래밍의 다른 말로 C언어, 자바, 파이선 등 컴퓨터 언어로 프로그램을 만드는 것을 말한다. 말 그대로 코딩이란 컴퓨터 프로그램을 만드는 과정이다. TV 프로그램에서는 코딩이 우리의 일상생활에 가져다주는 여러 가지 편리함에 관해 소개했다. 빠르게 변화하는 부동산 시장에 대한 정보공유 프로그램에서부터, 국회 입법안 쇼핑몰 프로그램, 시각 장애인을 위해 보행로를 알려주는 인공지능 프로그램 등 다양하게 개발되는 프로그램을 소개했다. 과거 일부 개발자들만이 할 수 있는 영역으로 여겨지던 코딩을, 요즘에는 학생, 청년 창업자, 80대 노인도 쉽게 그리고 보다 재미있고 창의적으로 하고 있었다. 예전과 달리 컴퓨터 언어와 인간의 언어가 비슷해지고 있기 때문이다.

이미 중국 상하이에는 로봇이 음식을 가져다주는 식당이 등장했다. 주문도 스마트폰으로 한다. 중국 황저우에서는 사람들이 음식을 먹고는 자연스럽게 한쪽 벽에 붙여진 QR코드를 스마트폰으로 인식해 계산했다. 그리고 컴퓨터 프로그램으로 도로의 교통 상황까지 통제하고 조절하고 있었다. 빠르게 인공지능이 우리의 일상에 깊게 자리 잡고 있었다. "코딩을 모르는 것은 새로운 세상을 모르는 것"이라고 말할 수 있을 만큼, 코딩은 우리의 변화하는 생활과 밀접해 보였다. 그러나 여전히 코딩이란 접근하기 어려운 '그들만의 영역'이란 고정관념은 쉽게 떨쳐지지 않았다.

프로그램의 마지막 부분에 등장한 와하미야 할머니의 이야기는 상당히 충격이었다. 컴퓨터나 스마트폰, 그리고 각종 프로그램 등의 영역은 이미 우리 다음 세대 일이라 생각하고 시도조차 해 보지 않았던 나 자신이 부끄러웠다. 게임을 개발하고, 코딩을 가르치는 할머니의 모습을 보고 있자니, 창피한 생각이 들었다. 나는 벌써부터 노인 행세를 하고 있었던 것이다. 할머니, 할아버지들도 열정을 갖고 도전하는데, 나는 시작도 전에 포기하고 있으니 말이다. 그래서 창피함을 조금이나마 만

회해 보고자 책을 주문했다. 여전히 내가 코딩이라는 것을 제대로 이해하고 실행할 수 있을지는 미지수다. 그러나 도전은 항상 무한한 가능성을 품고 있음을 확실히 안다.

　내 나이 43, '만약에'라며 이런 생각을 해 본다. 내 나이쯤, 어느 한 분야에서 성공한 사람이 있다. 예를 들어 세계적으로 유명한 의사가 있다 하자. 그는 의술로도 명성이 자자하며, 그만큼의 부도 쌓았다. 그리고 사회적으로 좋은 위치에서 존경을 받으며 성공적인 삶을 살고 있다. 그럼 그는 얼마나 오래 공부했을까? 우선 언제부터 의학 공부를 시작했을지 생각해 보자. 의사라는 직업을 갖기 위해 공부하기 시작하는 학부 때부터라고 가정하면 대부분 대학 1학년인 스무 살부터다. 그는 스무 살부터 의학 공부를 시작해 대학 졸업 후 인턴, 레지던트의 수련 과정을 지나 전문의로 접어들었다. 그리고 지금은 교수나 학과장을 맡고 있을 것이다. 따져 보니 그 공부 기간은 총 20년 정도다. 한 분야에서 꿈을 키우고 공부하고 노력하여 성공하는 데까지 필요한 기간이 20년이라고 볼 때, 지금 내 나이에 시작한다 해도 60세 정도면 보통 성공하기 마련이다. 불가항력의 노력이나, 남들과는 다른 어마어마한 천재성 없이도 말이다.

'1만 시간의 법칙'이란 말이 있다. 1993년 미국 콜로라도 대학의 앤더슨 에릭슨은 그의 논문에 다음과 같은 조사 결과를 서술했다. '세계적인 바이올린 연주자와 아마추어 연주자의 실력 차는 연주 시간에서 비롯된 것이며, 우수한 집단의 연습 시간은 1만 시간 이상이었다.' 시사상식사전의 정의에 따르면 '1만 시간의 법칙'이란 어떤 분야의 전문가가 되기 위해 최소 1만 시간의 훈련이 필요하다는 법칙이다. 매일 3시간씩이면 10년, 매일 10시간씩이면 3년 정도의 시간이 걸린다.

"당신이 꿈꾸는 존재가 되는데 너무 늦은 때란 결코 없다." 라고 영국 소설가 조지 엘리엇이 말했다. 요즘엔 60세란 나이도 늙었다고 할 수 없다. 퇴임하여 여생을 즐기기엔 너무 젊다. '여생'이라고 표현하기에도, 앞으로 살아가야 할 날이 아직 많다. 자 그럼 오늘부터 시작해, 3년 후, 10년 후, 20년 후에 나는 과연 어떤 인물로 성장해 있을지 궁금해진다.

오늘은 내 남은 인생의 첫날이다.

꾸미는 인생,
꿈 있는 인생

"자신을 꾸미는 일은 사치가 아니다."라고 코코샤넬이 말했다. 꽉 끼는 코르셋과 화려하고 거추장스러운 레이스 드레스, 크고 화려한 모자가 유행하던 시절이 있었다. 코코샤넬은 유행에 반기를 들고 나타났다. 그녀가 디자인한 남자의 슈트와 같은 단순한 재킷과 바지, 챙이 좁은 모자는 여자에게 일종의 자유를 선물했다. 샤넬은 화려함보다 단순함과 실용성을 사랑했다. 그녀의 옷과 모자, 장신구들은 여성들의 폭발적인 인기를 얻었고, 그녀의 이름을 상표로 한 '샤넬'은 명품의 대명사가 되었다. 나는 한때 명품을 아주 좋아했다. 친구들에게 "빤쓰까지 명품만 입는다."라는 소리를 들을 정도였다. 그중에서도 샤넬을 제일 사랑했다.

사실 나의 이러한 명품 사랑은 내 두 번째 직업에서 시작되었다. 첫 직장인 학습지 회사에서 직장 상사로부터 "나와 사귀면 내가 네 뒤를 팍팍 밀어줄게."라는 갑질을 당한 후, 당장 회사를 그만두고 작은 잡화점을 차렸다. 시작은 첫 직장의 상처를 보상받고자 나도 '갑질' 경영을 해 보자는 것이었는데, 그래봐야 직원은 사장 겸 점원인 나 혼자뿐이었다. 그래도 혼자 결정하고 편하게 일하며, 아무도 나에게 무례히 굴지 않는 그런 점이 좋았다. 마케팅학과를 졸업했고, 전공을 살린다는 그럴듯한 이유도 있었다. 아무리 놀고먹는 대학생이었어도, 서당 개의 들은풍월이 있었고, 동기와 선배의 인맥을 적극 활용해 어렵지 않게 수입 상가에 세를 얻을 수 있었다. 가계는 한 평 반 남짓한, 코딱지와 견줄 만큼 작은 크기였다. 그러나 취급하는 품목이 수입 아동복, 수입 숙녀복, 수입 액세서리, 가방, 신발 등 가격이 좀 나가는 품목들이라 창업 자금으로 적지 않은 돈이 들었다.

워낙에 옷과 신발, 액세서리 등을 좋아한 덕에 물건을 고르는 안목이 있었다. 그리고 어릴 적부터 엄마가 미용실에서 손님 대하는 걸 보면서 자란지라, 잠재해 있던 영업력의 덕도 톡

톡히 봤다. 가계를 꾸려 가는 데는 큰 어려움이 없었다. 물건 사러 다니는 것도 즐거웠으며, 장사도 잘됐다. 단골손님이 제법 생기자 돈벌이가 됐다. 잡화점을 운영하고부터 주변의 많은 지지와 응원을 받았다. 손님들은 내가 진열해 놓은 물건을 좋아했고, 나의 안목을 사랑했다. 심지어 내가 입고 있는 옷과 신발을 벗어 달라는 손님도 있었다. 블랙 앤 화이트, 잭 니클라우스, 아다 바트 등의 골프티셔츠, 그리고 겐조, 버버리 핸드백 또는 베르사체 향수, 쿠지와 미쏘니 니트 카디건 등 그 당시 멋쟁이들의 필수 아이템이었던 수입 명품의 인기는 대단했다. 가격 또한 사악했다. 그런 명품들 속에 살다 보니, 명품으로 겉모습을 꾸미는 것이 삶의 중요한 의미가 됐다.

명품을 좋아하고 자신을 꾸미는 것은 여자에게 일종의 의식과 같다. 아무리 검소한 여자라도 로션이나 선크림조차 안 바르는 사람은 없다. 명품을 좋아하고, 신상 립스틱과 향수에 열광하던 나의 젊은 날은 서서히 그 의미와 빛깔을 잃기 시작했다. 방 안 가득 쌓여 있는 옷과 가방 그리고 신발들이 어느 순간부터 나의 가슴을 다 채우지 못했다. 아무리 좋은 화장품을 쓰고 값비싼 시술을 받아도 깊어지는 주름과 떨어지는 피

부의 탄력을 막을 수 없었다. 때마침 나의 가정에 위기가 찾아
왔고 그 허무함은 마침내 정점을 찍었다.

물질적인 것들에 허무함을 느끼고 나서부터 나는 눈에 보
이는 명품 물건들에 매달리기보다 스스로 명품이 되려 했다.
그러기 위해서는 지금껏 해 왔던 방법으로는 곤란했다. 처음부
터 시작해야 했다. 뼛속까지 다른 인간으로 다시 태어나야 했
다. 불가능해 보이는 곳을 향해 달려야만 했다. 내가 처음 작
가가 되겠다고 공표했을 때 주위의 반응은 '티 내지 않고 비웃
기'였다. 나 스스로도 그랬던 것 같다. 아득한 미래의 일이었지
만, 뭐든 하려 했다. 그렇지 않으면 가슴 가운데 뻥 하고 뚫린
구멍이 언젠가는 내 몸 전체를 집어삼킬 것만 같았다.

비워야 채울 수 있다. 나의 전부라고 생각했던 모든 것들이
다 허상임을 알았을 때, 나는 빈손으로 그저 뻥 뚫린 가슴만
을 안고 엉엉 울었다. 그러던 어느 날 나는 비로소 엄두도 내
지 못했던 내 안의 꿈을 꺼냈다. 자랑스럽게 여겼던 외모도 빛
을 잃었다. 명품들도 마찬가지였다. 나의 반쪽이라 여겼던 남편
도 어쩌면 나의 반쪽이 아닐 수도 있었다. 뻥 뚫린 가슴을 가

지고서는 나의 사랑, 나의 딸들을 잘 돌볼 수도, 잘 키울 수도 없었다. 그렇게 끝을 모르고 추락하다가 바닥에 다다랐다. 이제는 두 발로 있는 힘껏 바닥을 박차는 일만 남았다.

　요즘엔 전처럼 사람들을 자주 만나지 않는다. 어쩌다가 있는 공식적이고 어쩔 수 없는 모임이나 약속을 빼고는 사적인 만남은 거의 갖지 않는 것 같다. 나는 요즘 다른 만남에 빠져 산다. 바로 한 권의 책 속에서 이루어지는 저자와 만남이다. 조용히 그의 이야기를 듣는다. 저자는 말한다. 자신은 정말 힘들었다고. 그리고 외로웠다고. 그는 고대의 사람들이기도 하고, 동시대 사람이기도 하고, 미래의 사람이기도 했다. 책 속의 다른 사람들에서 위로를 받고 용기를 얻었다. 그리고 그는 이제 나에게 용기를 준다. 자신의 생을 다해 나에게 사랑으로 말하고 있었다. 어쩌다가 잠시 만난 사람에게는 절대로 들을 수 없는 깊고 슬픈 이야기들. 눈물겨운 노력이나 엄청난 진실, 놀라운 기적들이었다. 책들은 여러 방면으로 돌다리를 놔주고 나의 선택의 폭을 넓혀 주었다. 어디를 가든, 어떤 선택을 하든, 그들은 모두 나를 지지하고 사랑으로 응원해 주었다.

홍민진 작가는 『나는 작가다 두 번째 이야기』에서 이렇게 말했다.

"이렇듯 뚜렷한 목적을 세워 놓은 사람은 어떤 난관이 와도 쉽게 흔들리거나 무너지지 않는다. 그리고 자신의 장점뿐 아니라 한계점도 정확히 인지하고 있기에 스스로의 제한선을 설정해 놓는다."

책 한 권 쓰는데 이렇게나 많은 책을 읽고, 이렇게나 많은 정보를 수집하고, 이렇게나 많은 사람을 이해해야 하는지 몰랐다. 알았다면 아마 엄두를…. 아니, 그래도 나는 했을 것이다. 뚜렷한 목적이 있었기에. 억지로 해야 하는 것이 아니라 나 스스로 좋아서 하는 일이었다. 그래서인지 두려움이나 망설임은 없었다.

그러나 신기한 것은 그 과정이었다. '책 한 권 쓰기'라는 목적을 갖고 시작한 일이었지만, 그 과정에서 내 인생의 때가 벗겨지기 시작했다. 책 읽고 변화된 생각들은 행동에도 변화를 일으켰다. 거창하게 드러나는 변화는 없었다. 늘 하던 대로 밥을 하고, 청소를 했다. 그렇다고 집 안이 눈에 띄게 반짝반짝 해진 것도 아니었다. 음식 솜씨가 일취월장 늘었다거나, 반찬의 가짓수가 12첩 수라상만큼 불어난 것도 아니었다. 여전히 아침 식사는 토스트와 베이컨, 코코아가 전부였고 아이들을 등교시키고 나면 피곤이 몰려왔다. 남편이 출근할 땐 잠자리에서 못 일어날 때가 부지기수였다. 그리고 남편의 귀가 시각 역시 한결같이 새벽 3시였다.

겉으로 변한 건 아무것도 없었다. 그런데 아주 커다란 변화를 겪은 곳이 있었다. 바로 나의 마음이었다. 즐거운 마음으로 밥을 하게 되었다. 청소가 밀려 있어도 짜증이 나지 않았다. 마음에 여유가 생겼다. 약간 어수선하고 부족한 대로 우리 집이 편안하고 좋았다. 찌게 하나에 계란말이, 김이 전부인 밥상이지만 가족과 맛있게 먹기 위해 노력했다. 일어나긴 힘들지만, 자기들끼리 내복이며 바지, 티셔츠까지 척척 챙겨 입는 아이들의 모습에 감탄하며 행복한 아침을 보냈다. 새벽에 들어와 밥을 차려 달라는 남편이, 꼭 사랑받기 원하는 아이 같아 안쓰럽게 느껴졌다. 그래서 밥솥에 새로 밥을 짓고 국을 데웠다. 그러는 내가 참 마음에 들었다.

때때로 시련이 다시 나를 찾아올까 두려울 때도 있다. 아무리 지금 편안하고 행복하대도 이 행복이 평생 단 한 번도 흔들리지 않고 지속될리는 없다. 그러나 나는 꿈이 있고, 하루하루 꿈을 이루기 위해 열심히 노력하며 산다. 그리고 그 자체가 내 인생의 방패가 되어 주리란 것을 안다. 위기는 기회가 아니다. 위기는 그냥 위기일 뿐. 위기를 딛고 일어선다면 또 모를까? 위기는 꿈으로 향해 가는 길에 있던 돌이다. 넘어지면 일어서면 된다. 상처는 결국 아물고 그 자리에는 전보다 튼튼한 새살이 돋아난다. 그럼 우리는 더 거친 광야로 나갈 수 있게 된다.

오프라 윈프리는 이렇게 말했다.

"당신이 할 수 있는 가장 큰 모험은, 당신이 꿈꾸는 삶을 사는 것이다."

당신은 더 큰 꿈을 꾸게 될 것이다.

여행

"Post coitum omne animal triste est"
모든 동물은 성교(결합) 후에 우울하다.

그리스의 의사이자 철학자인 갈레노스 클라우디오스가 한 말이다. 바티칸 대법원 로타 로마나(Rota Romana) 한국인 최초, 그리고 동아시아 최초의 변호사인 한동일은 『라틴어 수업』에 명문을 이렇게 해석했다.

"열정적으로 고대하던 순간이 격렬하게 지나고 나면, 인간은 자기 능력 밖에 있는 더 큰 무엇을 놓치고 말았다는 허무함을 느낀다는 겁니다."

좀 고상해질까 하여 읽기 시작한 책에서 뜻밖의 수확을 얻었다. 그렇지 않아도 갈수록 허해지는 마음 한구석에 무언가 든든히 채울 거리가 생긴 것이다. 꿈을 향해 달리다 보면 언젠가 그 목적지에 도달하게 된다. 그러나 그 후의 허무함을 미리 준비하지 않는다면 우리는 성교 후(?)의 우울함을 맞이하게 되리라. 그럼 어떻게 해야 할까? 그다음에 건널 징검다리를 마련해 놓으면 된다. 꿈이란 어쩜 닿을 수 없는 하늘 끝 어딘가에까지 뻗어 있는지도 모르겠다. 중요한 건 하나의 꿈을 향해 가다 보면 반드시 그 꿈을 딛고 올라가야만 이룰 수 있는 또 다른 꿈이 생긴다는 것이다.

"여수는 멀었다.
잠을 자고 일어나도,
음악을 들으며 풍경을 봐도 도착하지 않는 곳
그곳이 여수였다.
내가 진짜 멀리 가고 있구나!"

한 편의 시와 같은 홍지원 작가의 글을 타고 내가 소망했던 곳으로 떠내려간다.

내 나이 마흔, 흔히 '아줌마'라고 부르는.

내 꿈은 소설가다.

소설가는 어떤 사건을 글로 재미있게 풀어내는 사람이다.

이야기로 자신이 하고 싶은 말을 대신한다.

시인처럼 독자의 감성을 자극하는 문장도 쓸 줄 알아야 한다.

오늘 우연히 도서관에서 『주말 소설가』라는 책과 만났다.

나는 "매일 소설가"가 되리라.

다음 꿈은 소설 쓰기다.

그럼, 내 이야기는 여기까지.

이제부터는 당신의 이야기를 할 차례.